'영어 회화' 하면 제일 먼저 무슨 생각이 드시나요? 놀이공원에 가듯 즐겁고 설레시나요, 아니면 무지근한 부담감에 일단 뒤로 미뤄 두고 싶으신가요? 영어는 어느새 우리에게 씁쓸한 존재가 되어 버렸습니다. 내 나라말도 아닌데 내 나라말처럼 잘해야만 하는, 그렇지 않으면 '나'라는 사람의 가치를 통째로 절하시켜 버리고 마는, 그런 부담스럽고 야속한 존재. 피할 수 있으면 좋으련만, 영어 회화는 이미 필수가 되고 말았습니다.

어차피 넘어야 할 산이라면 저는 여러분의 영어 공부가 재밌었으면 좋겠습니다. 수월했으면 좋겠고, 가뿐했으면 좋겠고, 그 끝 맛이 달콤했으면 좋겠습니다. 없는 그림 실력을 짜내어 챕터마다 삽화를 그리고 책 여기저기에 잡담을 늘어놓은 이유도 바로 그 때문입니다. 삽화의 주인공인 뽀글머리 아줌마와 멍멍이를 친구 삼아, 동지 삼아 함께 잡담을 즐기다 보면 어느 순간 여러분의 영어 실력이 지금보다 훨씬 나아져 있을 거라는 믿음을 안고서 말입니다.

이 책에는 지금 이 순간, 미국에서 미국인들이 사용하고 있는 영어 표현 중 우선적으로 선별한 120개 표현이 수록되어 있습니다. 영어 꽤나 한다고 자부하시는 분들조차 걸려 넘어질 수 있는, 그야말로 '현지 생활 영어'입니다. 현지 영어라고 해서 단어가 어렵다거나 문법이 유난스러운 것은 아닙니다. 단지 '낯설다'는 것이지요. 그 낯섦을 차근차근 걷어내고 영어와 친구가 될 수 있도록 제가, 그리고 이 책이 여러분 곁에 있어 드리겠습니다.

2019년 겨울
June Sweeney

영어 이야기
주제별 표현을 영어로
어떻게 말하는지
재밌는 이야기와
그림으로 알려 줍니다.

표현 활용
이 표현을 어떻게 사용하는지
여러 문장으로 만들어 보여 줍니다.

1
오지랖이 넓은 사람

어느 동네를 가나 이 오지랖 넓은 사람 하나씩은 꼭 있게 마련이오. 왜까불래 미용실 원장 집 숟가락 개수는 알아 무엇하고, 딸아볼래 부동산 사장 집 장항아리에 금 간 건 알아 뭣에 쓰며, 왜아볼래 김밥집 남영밭 치수는 또 알아서 어디다 써먹을 거란 말이오? 하여간 오지랖하고는. 자, 이제 넘의 집 담장 좀 그만 기웃거리고 이리들 오시오. 공부 시작하오.
오지랖이 넓다는 표현을 영어로는 이리 하오.

nosy, busybody

nosy, nose에서 온 단어로써 어디서 뭔 냄새가 나나 여기저기 코를 들이대고 냄새를 맡고 다닌다 생각하면 이해가 빠를 것이오.
busybody 역시 여기저기 살펴보고 다니느라 몸이 바쁜 것이니 오지랖이 넓은 게 아니면 무엇이겠소?

쓸데없이 이집 저집 싸돌아다니며 몸 좀 벌름대지 맙시다.

EXAMPLES

❶ 그 사람은 오지랖이 넓어.
   He's nosy.

❷ 넌 왜 그렇게 남 일에 관심이 많니?
   Why do you have to be such a busybody?

DIALOGUE 1

AMY * Hey, did Sam say anything about divorcing his wife?
RON * Why do you care?
AMY * I'm just wondering what's going on with him.
RON * Stop being nosy.
에이미 * 야, 쌤이 이혼에 대해 무슨 말 안 하던?
론 * 네가 무슨 상관이야?
에이미 * 난 그저 걔에 어떻게 되어가나 궁금해서 그러지.
론 * 오지랖 넓게 그러지 좀 마.

DIALOGUE 2

WENDY * Don't you think Marry is so nosy?
CATHY * Oh, yeah. She even has to know how many pairs of chopsticks her neighbors have.
WENDY * She's a busybody.
CATHY * I know. She's so annoying.
웬디 * 메리 말인데 오지랖 정말 한스 아니니 않니?
캐씨 * 그러니까. 옆집 젓가락이 몇 벌인지까지 알아야 직성이 풀린다니까.
웬디 * 오지랖 한 넓네.
캐씨 * 그러니다. 하여튼 신경에 거슬려.

* annoying 신경에 거슬리는 사람이나 물건, 상황 등에 이용되는 표현이라오.

실전 대화
실생활에서 이 표현이 어떻게
쓰이는지 2가지 상황의
대화문을 통해 보여 줍니다.
MP3 파일이 제공됩니다.

CONTENTS

CHAPTER 3
사람이 일을 하다 보면 말이야~

It's getting old.

CHAPTER 4

아놔~ 빡치네!

이런 사람,
저런 사람

1

오지랖이 넓은 사람

어느 동네를 가나 오지랖 넓은 사람 한 명씩은 꼭 있게 마련이오. 뽀까볼래
미용실 원장 집 숟가락 개수는 알아 무엇하고, 팔아볼래 부동산 사장 집
장항아리에 금 간 건 알아 뭣에 쓰며, 말아볼래 김밥집 남편 발 치수는
또 알아서 어디다 써먹을 거란 말이오? 하여간 오지랖 하고는.
자, 이제 남의 집 담장 좀 그만 기웃거리고 이리들 오시오. 공부 시작하오.
오지랖이 넓다는 표현을 영어로는 이리 하오.

nosy, busybody

nosy는 nose에서 온 단어로서 어디서 뭔 냄새가 나나 여기저기 코를
들이대고 냄새를 맡고 다닌다 생각하면 이해가 빠를 것이오.
busybody 역시 여기저기 살펴보고 다니느라 몸이 바쁜 것이니 오지랖이
넓은 게 아니면 무엇이겠소?

쓸데없이 이집 저집 싸돌아다니며 코 좀 벌름대지 맙시다.

EXAMPLES

❶ 그 사람은 오지랖이 넓어.
He's nosy.

❷ 넌 왜 그렇게 남 일에 관심이 많니?
Why do you have to be such a busybody?

AMY   Hey, did Sam say anything about divorcing his wife?
RON   Why do you care?
AMY   I'm just wondering what's going on with him.
RON   Stop being **nosy**.

에이미   야, 샘이 이혼에 대해 무슨 말 안 하든?
론   네가 무슨 상관이야?
에이미   난 그저 일이 어떻게 되어 가나 궁금해서 그러지.
론   오지랖 넓게 그러지 좀 마.

WENDY   Don't you think Mary is so nosy?
CATHY   Oh, yeah. She even has to know how many pairs of
            chopsticks her neighbors have.
WENDY   She's a **busybody**.
CATHY   I know. She's so annoying.

웬디   메리 말인데 오지랖 정말 장난 아니지 않나?
캐시   그러니까. 옆집 젓가락이 몇 벌 있는지까지 알아야 직성이 풀린다니까.
웬디   오지랖 참 넓어.
캐시   맞아. 하여튼 신경에 거슬려.

• annoying '신경에 거슬리는' 사람이나 물건, 상황 등에 애용되는 표현이라오.

2

세상 물정에 밝은 사람

언제 어떤 물건을 사재기해야 할지, 전쟁이 나면 어느 쪽으로 튀어야 할지,
백성들의 민심이 어디로 흘러가고 있는지, 무엇에 투자해야 이득이 남는지
빠삭한 사람들! 남보다 특별히 교육을 더 많이 받아서가 아니라 몸으로
직접 부딪쳐서 습득한 경험 덕에 세상 물정에 밝은 사람들이 있소. 아쉽게도
소인에겐 해당 사항이 없다오. 세상 물정이 어찌 돌아가는지도 모르면서 이런
영어 표현을 좀 안다 한들 무슨 소용이겠소만, 세상 물정도 모르고 영어도
못하는 것보다야 낫지 않소?
자, 그럼 세상 물정에 밝든 어둡든 다들 여기를 보시오. 표현 들어가오.
세상 물정에 밝은 사람을 영어로는 이렇게 말하오.

street smart

말 그대로 길거리에서 현실과 맞닥트리며 똑순이가 되었다, 뭐 이런 표현
되시겠소. 자고로 street smart한 사람들은 이겨낼 재간이 없소. 역시
인생은 교과서로 배우는 게 아닌가 보오.

하늘 천 따 지 검을 현 누를 황

He is street smart.

❶ 그 사람은 세상 물정에 밝아.
He is street smart.

❷ 나는 세상 물정에 어두워.
I'm not street smart.

JACK I guess Tom knows how to deal with scammers.
BOB He sure does.
JACK How does he know all that?
BOB He's just street smart.

책 톰은 사기꾼을 어떻게 상대해야 하는지 잘 아는 것 같더라.
밥 걔야 잘 알지.
책 그런 걸 어떻게 그렇게 잘 알까?
밥 그냥 세상 물정에 밝은 거지, 뭐.

- deal with ~ ~를 상대하다, 무엇을 다루다, 처리하다
- scam 사기, 속임수, 혹은 전화 판매(scam calls)에도 쓰이오. 참고로, scammer는 그런 일을 하는 사람을 말하오.

AMY I need to be more street smart.
RON Because?
AMY I feel like I don't know much about the real world.
RON You'll learn. You just need more experience.

에이미 아무래도 난 세상 물정에 좀 더 밝을 필요가 있을 것 같아.
론 왜 그런 생각을?
에이미 내가 현실에 어두운 것 같아서.
론 그렇게 될 거야. 경험이 쌓이면 되는 일이니까.

3

이중잣대를 들이대는 사람

옳고 그름을 판단하는 데 있어서나, 이득에 관한 것에서나, 자기 자신과 남에게 철저히 다른 기준을 적용하는 사람들이 꽤 있소. 내가 너에게 막말하는 것은 매우 타당하나, 네가 나에게 막말하는 것은 오직 죽기 위함이요, 궂은일 따위는 나와는 무관하나 너는 그 일을 하기 위해 태어난 사람이며, 아무리 똑같은 말이라도 내가 하면 명언이요, 네가 하면 개 풀 뜯어 먹는 소리라 하는 사람들 말이오. 또한 좋아하는 사람, 싫어하는 사람에게 이중잣대를 들이대는 경우도 많소. 영숙이는 일을 열심히 했으니까 금일봉, 광숙이도 일을 열심히 했으니까 감봉. 옳지 않소, 옳지 않아. 앞으로 이중 잣대를 들이대는 사람들을 보면 우아하니 영어로 이렇게 쌀라쌀라 말해 주시오.

double standard

택시 요금이 따블이 아니라 기준이 따블! '두 개'란 뜻이오.

Too short.

So tall.

She has a double standard.

14

EXAMPLES

❶ 넌 완전 이중잣대더라.
You have a double standard.

❷ 이중잣대를 들이대는 건 불공평해.
It's not fair to have a double standard.

DIALOGUE 1

MOM	You know you have to finish your homework before you go to bed, don't you?
DAUGHTER	Mom, Brian went to bed without finishing his homework.
MOM	Whatever. Finish yours.
DAUGHTER	It's not fair. You have a **double standard**.

엄마	자기 전에 숙제 끝내야 하는 거 알지?
딸	엄마, 브라이언은 숙제도 안 하고 자러 갔어요.
엄마	어쨌든. 넌 숙제 끝내.
딸	불공평해요. 완전 이중잣대야.

- go to bed 잠자리에 들다
- fair 공정한, 공평한

DIALOGUE 2

JACK	My boss has a **double standard**.
BOB	Does he?
JACK	Big time. He has never been fair to those he doesn't like.
BOB	He shouldn't be that way.

잭	내 상사, 완전 이중잣대야.
밥	그래?
잭	아주 심해. 자기가 싫어하는 사람들한테 공평하게 대한 적이 없어.
밥	그럼 안 되지.

- big time 심하게, 크게
  ex I owe you big time. 너한테 큰 신세를 졌네.

4

죽이 잘 맞는 사람

We click.

뭔 뜻이겠소? 우리가 함께 인터넷을 검색하는 거겠소? 설마 그럴 리가 있겠소? 제목이 말해 주다시피 '죽이 잘~ 맞는다'는 뜻이오. 클릭! 뭐가 딱 맞아 들어가는 느낌이 들지 않소? 안 들면 마시오. 이렇게 죽이 안 맞아서야, 원. 아무튼, 나랑 잘 맞는 사람을 만나기는 참으로 어렵소. 다 좋다가도 한번 삐끗하면 어긋나는 게 인간관계이니 처음부터 끝까지 내게 안성맞춤인 사람이란 애초에 없는지도 모를 일이오. 그러니 좀 안 맞더라도 서로 이해해 가며 어울려 사는 것이 현명하다 하겠소.

❶ 걔랑 나는 죽이 잘 안 맞아.
She and I don't click.

❷ 여자애들끼리 죽이 잘 맞네.
The girls click well.

❸ 걔네는 처음 만났을 때부터 잘 맞았어.
They clicked when they first met.

JACK Didn't they click right away?
BOB Not at all. What made you think so?
JACK What? I thought their personalities would fit each other perfectly.
BOB I have to say you're totally wrong.

잭　　걔네들, 보자마자 죽이 척척 맞지?
밥　　전혀 아닌데. 뭘 보고 그렇게 생각했어?
잭　　뭐? 난 걔네들 성격이 아주 잘 맞을 거라고 생각했는데.
밥　　완전 잘못 짚으셨네요.

- right away 바로, 금방, 지체하지 않고
- fit 옷이든 성격이든, 뭐든 잘 맞을 때 쓰시오.

WENDY Jason and I just clicked when we first met.
CATHY That's a good sign. I hope it'll go well.
WENDY I hope so, too. It has been a while since I met someone who I click with.
CATHY It looks like you found one.

웬디　　나랑 제이슨하고는 처음부터 죽이 잘 맞더라고.
캐시　　조짐이 좋네. 잘됐으면 좋겠다.
웬디　　나도 그랬으면 좋겠어. 이렇게 잘 맞는 사람 만난 것도 꽤 오랜만이거든.
캐시　　너 제 짝을 찾은 것 같은데.

- good sign 좋은 신호[조짐]
- go well 일이 순조롭게 잘 진행되다

5

사무적인 사람 / 딱딱한 사람

일에 관계된 말, 필요한 말만 짧게 하고 그 밖의 것에 대해서는 입을 딱 닫아
버리는 사람들이 있소. 우리 딸아이 2학년 때 담임 선생님이 그런 사람이었는데
초고속으로 정이 떨어지더이다.
"너에게 아무것도 묻지 않을 것이니 너 또한 내게 아무것도 묻지 말지어다."
뭔 대화가 오가야 할 것 아니요, 대화가. 이건 뭐 사람인지 다보탑인지. 하마터면
선생님을 세워 놓고 탑돌이를 할 뻔하였소. 아무튼, 이렇게
사무적이고 딱딱한 분들을 만나면 사용하시라고 있는 말이 바로 이것이오.

all business

EXAMPLES

❶ 그 사람은 너무 사무적이야.
He's all business.

❷ 너는 사람이 너무 딱딱해.
You're all business.

DIALOGUE 1

AMY   Have you talked to Mrs. Yoon?
RON   Briefly, yes. Why?
AMY   I don't like talking to her. She's so blunt.
RON   I know. Isn't she all business?

에이미   미시즈 윤이랑 얘기해 본 적 있어?
론   응, 몇 마디 정도. 왜?
에이미   나는 그분이랑 얘기하고 싶지 않더라. 사람이 너무 뚱해.
론   알아. 굉장히 사무적이지?

• briefly 짧게
• blunt 사람 성격이 '뚱한', 물건의 끝마디가 '무디고 둔한'

DIALOGUE 2

WENDY   Hey, I think you should try to be friendlier to our customers.
CATHY   I'm not here to make friends. I'm here to work.
WENDY   I know, but you seem like you're all business.
CATHY   This is a business.

웬디   저기, 너 손님들한테 좀 더 친절하게 대했으면 해.
캐시   일하러 나오는 거지, 친구 사귀려고 나오는 게 아니잖아.
웬디   그건 그런데, 너무 사무적으로 보이니까.
캐시   일인데 당연하지.

• make friends 친구를 사귀다

6

가식적인 사람

겉 다르고 속 다른 사람, 앞 다르고 뒤 다른 사람, 뭐가 진심이고 뭐가 진심이
아닌지 도무지 모르겠는 사람들이 있소. 내 앞에서는 분명 방글방글 웃으며
"어쩜 그리 예쁘세요? 부러워요, 정말. 저는 명함도 못 내밀겠어요. 호호호."
다른 사람한테 가서는
"그 사람, 수술한다고 개발될 얼굴이 아니야. 나 같으면 집밖에 못 나갈 것
같은데 부끄러운 줄도 모르고 잘도 돌아다니더라. 용감한 시민이야, 뭐야?"
오~~~~ 가식 한마당! 가식 페스티벌에 오신 걸 환영하오.
이즈음 해서 가식적인 사람을 영어로 표현해 보겠소이다.

fake

너무 간단해서 놀라셨소? 놀라도 어쩔 수 없소. 이게 다요.

EXAMPLES

❶ 그 여자, 너무 가식적이야.
She's so fake.

❷ 그 사람이 가식적인지 진실한지 잘 모르겠어.
I can't tell if he's fake or real.

- I can't tell. 구별 못 하겠어. / 뭐가 뭔지 모르겠어.
  누가 가방 하나를 쓱 보여 주며 "이게 진짜 명품 가방이게, 가짜게?"하고 물었다 칩시다.
  그런데 암만 봐도 알 수가 없어서 "글쎄, 잘 모르겠는데."라고 말할 때 I can't tell.을 쓴다 이거요.

DIALOGUE 1

WENDY I don't know how to deal with my co-worker.
CATHY What do you mean?
WENDY He's so fake.
CATHY It doesn't matter if he's fake or not. You just have to be real
to everyone.

웬디   내 직장 동료 말인데, 도대체 어떻게 대해야 할지 모르겠어.
캐시   왜 그러는데?
웬디   사람이 너무 가식적이야.
캐시   그 사람이 가식적이든 아니든 상관하지 마. 너만 진실하면 돼.

DIALOGUE 2

JACK I can't trust you. You're so fake.
BOB Did you just call me fake? Look who's talking.
JACK Oh, you think I'm fake.
BOB I don't think so. I know so.

잭   나는 널 믿을 수가 없다. 너무 가식적이야.
밥   지금 나한테 가식적이라고 했냐? 남 말 하고 있네.
잭   아, 그럼 넌 내가 가식적이라고 생각한다는 거네.
밥   내가 그렇게 생각하는 게 아니라, 사실이 그래.

- Look who's talking. 남 말 하고 있네. 자기는 어떻고?
- I don't think so. I know so. 그런 것 같은 게 아니라, 사실이 그래.

21

7

모르는 게 없는 사람

"카자흐스탄의 수도는?"
"아스타나."
"현재 캐나다 총독의 이름은?"
"쥴리 파이예트."

도대체 이런 건 왜 알고 있는 거요? 이렇게 필요가 있든 없든 오만 가지를
다 알고 있는 사람, 모르는 게 없는 사람을 보면 보통 뭐라 하오?
"그래, 너 잘났다!"
증~말 열받소. 나는 무식이 널을 뛰는데 너는 왜 박식이 판을 치고
난리냔 말이오. 아무튼, 이렇게
모르는 게 없는 사람, 모든 걸 다 아는 사람에게 쓰는 영어 표현으로

know everything about everything

우리 고조부의
사돈의 팔촌 이름은?

오봉팔!

She knows
everything about everything.

EXAMPLES

❶ 그 사람은 모르는 게 없어.
He knows everything about everything.

❷ 우리 선생님은 정말 박학다식하셔.
My teacher knows everything about everything.

대화마다 퀴즈가 나가니 한번 맞혀 보시구려. 맞힌 분들께는 상품으로 영광과 명예를 안겨 드리리다.

DIALOGUE 1

AMY Do you know the nickname for the state of California?
RON The Bear State? I don't know. Why don't you ask Jim?
AMY Jim who?
RON Jim Wise. He **knows everything about everything**.

에이미 캘리포니아주 별칭이 뭔지 알아?
론 곰의 주? 잘 모르겠네. 짐한테 물어보지그래?
　　*캘리포니아주에 미국인이 정착하기 전에 야생 곰이 많이 살았었다오.
에이미 짐 누구?
론 짐 와이즈. 걘 모르는 게 없거든.

DIALOGUE 2

DAUGHTER Dad, do you know who said that fish and guests stink after three days?
DAD Let me think. Wasn't it a fisherman?
DAUGHTER Dad, I can't believe you. I thought you **know everything about everything**.
DAD Now you know I don't.

딸 아빠, 생선과 손님은 3일이 지나면 냄새를 풍긴다는 말을 누가 했는지 알아요?
아빠 어디 보자. 어부가 했나?
딸 아빠, 어떻게 그런 생각을. 아빠는 뭐든 다 아는 줄 알았는데.
아빠 이제 아니란 걸 알겠구나.

- can't believe ~ '어떻게 그럴 수가 있냐'는 뜻이오.
  ex I can't believe him. 걔가 어떻게 그럴 수가 있니.
- I can't trust ~ 누군가를 믿을 수가 없다, 신용할 수가 없다
  ex I can't trust you. 나는 널 믿을 수가 없어.

정답 1 ▸ **The Golden State**
미국의 50개 주에는 각각 별칭이 있소. 캘리포니아는 그 옛날 금광으로 유명해서 별칭이 '골든 스테이트'요. 또, 플로리다는 The Sunshine State, 애리조나는 The Grand Canyon State라 하오.

정답 2 ▸ **벤자민 프랭클린**

8

마음이 비단결 같은 사람

얼굴도 필요 없소. 학벌도 필요 없소. 돈도 필요 없소. 사람은 그저 마음이
착해야 하오. 마음 하나만 있으면 다른 건 다 필요 없……지는 않지만 그래도
마음이 제일이긴 하오. 누구를 만났는데 인물도 훤하고, 학벌도 좋고, 재력도
이게 웬일이니! 그런데 못돼 처먹어 보시오. 그런 사람을 어찌 곁에 오래
두겠소? 그저 착한 사람, 마음 고운 사람이 장땡인 거요.
그러면 마음이 비단결이다 하는 걸 영어로 어찌 말하면 좋겠소?
'비단'이 영어로 뭐더라? 아, 맞다. 실크!
맞기는 개뿔이 맞소? 정답은

a heart of gold

우리는 '비단'이라 하고 그들은 '금'이라 하오. 비단이든 금이든 수중에
좀 굴러들어와 주면 소원이 없겠소만 일단은 돈 안 되는 금 같은 마음만 간직한
채 학업에 집중하십시다.

She has a heart of gold!

EXAMPLES

❶ 그 사람은 마음이 비단결이야.
He has a heart of gold.

❷ 테레사 수녀님은 마음이 비단결 같으셔.
Mother Teresa has a heart of gold.

DIALOGUE 1

WENDY Edelyn is such a wonderful girl.
CATHY I know. Isn't she?
WENDY She has a heart of gold.
CATHY I'm so glad she's joining our youth group.

웬디　에들린은 정말 괜찮은 아이야.
캐시　응. 그치?
웬디　마음이 비단결 같아.
캐시　에들린이 우리 청소년부에 들어온다니 정말 기뻐.

- youth group 청소년부

DIALOGUE 2

ERIN Do you know who has a heart of gold?
JEN Of course, I know. Sandra.
ERIN No, you're wrong. It's you. You always care about others.
JEN You're so sweet to say that.

에린　마음이 비단결처럼 고운 사람이 누군지 알아?
젠　그럼, 당연히 알지. 샌드라잖아.
에린　아니, 틀렸어. 너야, 너. 너는 늘 남을 배려해 주잖아.
젠　그렇게 말해 주다니 너 정말 착하다.

- You're so sweet. 이 말은 꼭 외워 두시오. 남이 조금만 친절하거나 상냥해도, 어린아이들에게 "넌 참 착하구나." 칭찬할 때도 이걸 쓰오. 또한, 어떤 상황이 잘 돌아갈 때, 내게 이롭게 돌아갈 때도 거두절미하고 "Sweet!" 이거 하나면 땡이요.

9

진국인 사람 .

옛날 옛날 한 옛날에 진국이라는 사람이 있었소. 진국이는 꾸밈없고 진실하며
인품 또한 나무랄 데가 없었다 하오. 그런데 어느 날 왕이 밀정을 나갔다가
진국이의 사람됨을 보게 되었지 뭐요.
"저자의 이름이 무엇이냐? 내 큰 상을 내릴 것이니라."
"예, 전하. 저자의 이름이 진국이라 하옵니다."
"그러하냐? 이제부터 진실하고 성정이 어진 자들을 진국이라 부르리라."
이리하여 저 사람 참 '진국이다'라는 표현이 생겨났다 하오. 이 시점에서 또
"어머, 정말? 이거 진짜야?" 하시는 분들이 계실 거요. 진짜긴 뭐가 진짜요?
뻥이요, 뻥.
아무튼, 진국인 사람을 영어로는 이리 말하오.

down-to-earth

26

EXAMPLES

❶ 저 사람 참 진국이야.
She is down-to-earth.

❷ 우리 할아버지는 정말 진국이셔.
My grandpa is down-to-earth.

DIALOGUE 1

RON   I met Matt Damon at the airport.
AMY   What was he like?
RON   He was **down-to-earth**, just like a regular guy.
AMY   Oh, really?

론   나 공항에서 맷 데이먼 만났었잖아.
에이미 어떻디?
론   그냥 보통 사람처럼 편안한 게, 사람 참 좋은 것 같더라.
에이미 오, 그래?

- regular guy 평범한 사람

DIALOGUE 2

WENDY I'm not sure if I should marry Jin-Kuk.
CATHY What are you talking about? Jin-Kuk seems **down-to-earth**.
WENDY I know he is, but I don't know if I love him enough to marry him.
CATHY Don't be silly. If you miss your chance with him, you'll never find anyone as **down-to-earth**.

웬디   진국이랑 결혼해야 할지 말지 모르겠어.
캐시   또 뭔 소리야? 진국이가 얼마나 진국인데.
웬디   알아, 아는데 결혼할 만큼 내가 그 사람을 사랑하는지 확신이 없어.
캐시   바보 같은 소리 하지 마. 진국이 놓치면 너 다시는 그런 진국인 사람 못 만난다.

- miss ~ chance with ~ ~를 놓치다

10

일 잘하는 사람

성질이 개떡 같아도, 좀 못돼 먹었어도, 성격이 꽤 독창적이어서 가까이하기엔
너무 먼 당신이어도, 자기 맡은 일만 똑소리 나게 잘하면 함부로 뭐라 할 수 없는
게 사실이오. 좀 더럽고 치사하더라도 일 잘하는 사람들이 있어야 이 사회가
돌아가니 어쩌겠소? 성격 좋고 일 못하는 사람들이 참아야지요. 불공평한 듯
공평한 듯……. 어쨌든 소인도 일 잘하고 야무져 봤으면 좋겠소이다만,
일도 똑 부러지게 못 하는 데다가 성질만 개떡 같으니 이를 어쩌면 좋단 말이오.
오호통재로다!

일을 잘한다~ 하는 것을 영어로 표현하면

know what ~ doing

❶ 그 사람 일 참 잘해.
He knows what he's doing.

❷ 내가 알아서 할 테니까 걱정하지 마.
I know what I'm doing so don't worry.

AMY I'm not sure if Nathan is the right one for the project.
RON Don't worry. He seems to know what he's doing.
AMY I can't relax my mind.
RON Just leave it to him.

에이미 네이슨이 이 일에 적합한 사람인지 잘 모르겠어.
론 걱정 마. 일 잘하는 사람 같던데.
에이미 마음이 안 놓이네.
론 그냥 그 사람한테 맡겨.

- I can't relax my mind. 마음이 안 놓여. / 불안해.

- leave it to ~에게 맡기다
  ex Leave it to me. 나한테 맡겨.
  Leave it to God. 신께 맡겨.

JACK Do you need help?
BOB No, I'm fine.
JACK Are you sure you know what you're doing?
BOB Yes, I know what I'm doing. Just leave me alone.

잭 도와주랴?
밥 아니, 괜찮아.
잭 잘 알고 하는 거 맞아?
밥 응, 내가 알아서 잘 할 테니까 그냥 좀 놔둬라.

11

의지가 강한 사람 / 한다면 하는 사람

살다 보니 머리 좋은 사람보다도 한다면 하는 사람이 더 무섭습디다.
머리야 아무리 좋아도 안 쓰면 그만이지만, 안 되면 되게 하는 사람, 의지가
포항 제철급인 사람은 이길 수가 없더라, 이 말이오. 그런 사람은 뭐가 되었든
반드시 해냅디다. 아마 산을 옮겨야겠다 마음먹으면 산도 옮기고야 말 거요.
어우, 독햐~

의지가 강하다, 이걸 영어로는

determined

① 재는 한다면 하는 애야.
She's so determined.

② 저렇게 의지가 강한 사람은 처음 봐.
I've never seen anyone so determined.

DIALOGUE 1

HUSBAND Is he going to bed, or what?
WIFE I think he'll be up all night. He said he would die
if he doesn't pass the test this time.
HUSBAND Gosh! He is so **determined**.
WIFE He got it from you.

남편 재 잠을 자긴 잔대?
아내 밤새우지 싶은데. 이번에 시험 합격 못 하면 죽을 거래.
남편 세상에! 의지 한번 대단하네.
아내 당신 닮아서 그렇지, 뭐.

- be up all night 밤새우다
- got it from ~를 닮아서 그렇다
  싸이의 노래 <대디(Daddy)>가사에서도 나오지 않소. "I got it from my daddy ~"

DIALOGUE 2

WENDY Is your daughter a good student?
CATHY Well, yes and no.
WENDY What do you mean?
CATHY She's pretty smart, but she's not so **determined**.

웬디 너희 딸 공부 잘하니?
캐시 글쎄, 그렇다고도 할 수 있고 아니라고도 할 수 있고.
웬디 그게 무슨 말이야?
캐시 머리는 좋은데 의지가 약해.

- yes and no 그렇기도 하고 아니기도 하다
  위의 대화문에서처럼 둘 다 해당 사항이 있다거나 뭐라 딱 잘라 말하기 힘든 애매모호한
  답변에 많이 쓰이오.

- pretty '예쁘다'는 뜻으로만 알고 계셨다면 섭섭하오. '매우, 굉장히'라는 뜻으로 very와
  동급이오.
  ex I'm pretty sure. 내가 보기에 꽤 확실해.

31

12

분위기 깨는 사람

어딜 가나 분위기를 국수처럼 말아 드시는 분들을 위한 메뉴 출시!

● 메뉴 ●	
잔치 분위기 소멸 국수 —————— 50,000원	
즐거운 분위기에 쟁반 막 떨어뜨리기 국수 ———— 35,000원	
좋은 분위기에 나쁜 분위기 비빔 국수 ———— 28,000원	
기분 잡친 잡채 ———— 20,000원	

비싸다고 불평 마시오. 분위기 말아먹고 사람 기분 잡치게 해 놓았으면
이 정도 값은 치르셔야 옳소. 값을 다 치르셨으면 이리 와서 앉아 보시오.
후식으로 영어 표현 나가오.

party pooper

분위기 깨는 사람을 영어로 이리 말하오.
이 표현은 뭐든 어깃장을 놓는 사람에게도 자주 쓰이오.
"영화 보러 갈까?" "싫어!"
"날도 좋은데 산책 갈까?" "싫어!"
"새로 생긴 레스토랑 분위기가 끝내준다는데 같이 갈래?" "싫어!"
고마 한 대 확 쌔리~~~

She's such a party pooper.

EXAMPLES

❶ 하여간 분위기 깨는 데는 도사야.
She's such a party pooper.

❷ 이렇게 분위기를 깨야만 직성이 풀리겠니?
Do you really have to be a party pooper?

DIALOGUE 1

AMY It's beautiful today. Let's go out.
RON I don't want to.
AMY Don't be a **party pooper**. Let's do something together.
RON I'll pass.

에이미 오늘 날씨 진짜 좋다. 나가자.
론 싫어.
에이미 기분 잡치게 그러지 말고, 뭐라도 같이 하자.
론 난 빠질래.

- **I'll pass.** 어떤 제안을 받았을 때 "나는 빠질래."

DIALOGUE 2

JACK I can't believe you. You are such a **party pooper**.
BOB What did I do? I just said the food was awful.
JACK They prepared the food for hours for us, and that was what you had to say?
BOB Well, it was awful. So I said it was awful. What's wrong with that?

잭 넌 어떻게 그럴 수가 있냐. 분위기 다 깨고 말이지.
밥 내가 뭘 어쨌게? 그냥 음식이 맛없다고 한 건데, 뭐.
잭 우리 먹인다고 몇 시간 동안 음식을 준비한 사람들한테 그게 할 소리냐?
밥 맛이 없어서 맛없다고 한 건데, 그게 뭐가 잘못됐어?

- awful [어~풀] 끔찍하게 안 좋은
  ↔ awesome [어~썸] 아주 훌륭한, 좋은

13

호불호가 분명한 사람

'호불호가 분명하다'는 것은 까다롭다는 것과는 좀 다른 의미가 아닐까 하오.
이것도 싫다, 저것도 싫다, 도대체 뭘 어떻게 맞춰야 좋을지 모르겠는 사람과는
달리, 좋아하는 것이 확실해서 그것만 찾는다거나 반대로 싫어하는 것이
확실해서 그것만은 절대로 취급하지 않는 경우요. 이런 사람들은 인간관계에서도
좋아하는 사람, 싫어하는 사람이 확실히 구분되어 있지요. 어찌 보면 쉬운
성격이고, 또 어찌 보면 쉽지 않은 성격이겠소만, 남의 성격이야 쉽건 어렵건
우리는 영어 공부나 합시다.

호불호가 분명한 사람을 영어로

specific

'퍼시픽(= 태평양)'이 아니라 '스퍼시픽'이오. 또 태평양 건넌다고 바짓가랑이
걷어붙이지 말고 진정들 하시오.

❶ 그 사람은 호불호가 분명해.
He is very specific.

❷ 쟤는 라면도 자기가 좋아하는 상표만 먹어.
She only eats specific brands of ramen.

AMY Do you know anything about John?
RON A little bit. Why?
AMY Is he a picky person?
RON I won't say he's picky, but he is specific, for sure.

에이미 너 존에 대해서 좀 알아?
론 조금. 왜?
에이미 까다로운 사람이야?
론 까다로운 건 아닌데, 확실히 호불호가 분명하긴 하지.

• picky '까다롭다'는 거요. 밥투정 심한 사람한테도 쓰이오.

WENDY I think I'm going to buy clothes for Jin's birthday.
CATHY I don't know about that.
WENDY Why not? I know she loves clothes.
CATHY She does, but she's very specific.

웬디 진 생일 선물로 옷을 살까 봐.
캐시 글쎄다.
웬디 왜? 걔 옷 좋아하잖아.
캐시 그렇긴 한데, 자기 마음에 들고 안 들고가 분명한 사람이라서 그러지.

• I don't know about that. 말 그대로 '모른다'라는 뜻 외에 '왠지 아닐 것 같다, 별로 좋은
생각이 아닌 것 같다'는 뜻의 '글쎄'의 의미로도 많이 쓰이오.

14

수다스러운 사람

얼굴에 입만 달린 사람들이 있소. 귀가 없으니 남의 말을 듣지도 못하고,
눈이 없으니 남들이 얼마나 괴로워하는지 보이지도 않으며, 코도 없으니……
코는 뭐, 이 주제와는 별 상관이 없는 듯하오만 아무튼, 오직 입만 나불나불.
물에 빠져도 주둥이만 동동. 물어보지도 않았는데 이 말, 저 말. 관심도 없는데
이러쿵저러쿵. 드디어 자는가 싶었더니 자면서도 잠꼬대.
이 아니 환장할 노릇이란 말이오?

"저놈의 주둥이를 확!"

수다스러운 자들은 들으시오. 그대들의 영문 성함을 가르쳐 드리리다.

chatterbox

뮤직박스도 아니요, 주크박스도 아니요,
선물박스도 아닌, 그대의 이름은 챼럴박스!

She's a chatterbox.

떠벌떠벌
떠벌떠벌

뭐 이런 게 다 있노?

EXAMPLES

❶ 저 꼬마 애 완전 수다쟁이야.
The little girl is such a chatterbox.

❷ 우리 딸은 수다쟁이야.
My daughter is a chatterbox.

DIALOGUE 1

WENDY How was your trip?
CATHY It was wonderful except the flight.
WENDY What happened?
CATHY A guy who sat next to me was a **chatterbox** who never once shut up during the whole trip.

웬디 여행 어땠어?
캐시 비행 시간만 빼고는 아주 좋았어.
웬디 무슨 일 있었어?
캐시 내 옆자리에 앉은 사람이 얼마나 수다스러운지 오는 내내 한시도 입을 가만히 안 두고 조잘거리더라니까.

DIALOGUE 2

JACK How was your blind date?
BOB It was horrible.
JACK Why? Was she rude, or something?
BOb No, not that. She was a **chatterbox**, and I couldn't stand her.

잭 소개팅 어땠냐?
밥 끔찍했다.
잭 왜? 예의가 없다거나 뭐 그렇디?
밥 아니, 그게 아니라 얼마나 수다스러운지 참을 수가 없더라니까.

- blind date 소개팅

- ~ or something '~나 그 비슷한 것'이라는 뜻으로 진짜 자주 쓰는 표현이오.
  ex Can I have pizza or something?
  피자나 뭐 다른 거라도 좀 있으면 먹을 수 있을까?

- can't stand (사람이든 뭐든) 견딜 수 없다, 참을 수 없다
  ex I can't stand the smell. 이 냄새 더 이상 못 참겠어.
  I can't stand you. 넌 진짜 봐줄 수가 없다.

15

입이 가벼운 사람

이 세상에는 가벼워서 좋을 게 두 가지 있소. 바로 몸과 마음이오. 크~~~
명언이오. 받아 적으시오. 또한, 가벼워서 나쁠 것 역시 두 가지라오. 바로 입과
지갑이오. 또 받아 적으시오. 오늘 명언 빨 잘 받소. 아무튼, 지인이 비밀이라며
내게만 말한 것을 여기저기 떠벌리고 다니는 분들! 그리 입이 가볍고 싸서야
곁에 사람이 남아나겠소? 지갑의 무게야 내 의지로 어쩔 수 없다 해도 내 입의
무게만큼은 내가 알아서 묵직하게 자물통을 매달아 놓아야 옳지 않겠소이까?
어서 철물점으로 뛰어가 자물통을 사 오시오.

입이 가벼운 사람, 이걸 영어로는

big mouth

개구리가 들으면 서운하다 하겠으나 뭐 어쩌겠소, 영어 표현이 이런걸.

남의 비밀
염가 대방출

❶ 그 사람은 진짜 입이 가볍더라.
He really has a big mouth.

❷ 입이 싼 사람들은 영 별로야.
I don't like big mouths.

WENDY I don't want anybody to know, but I told Sarah that I like Matt.
CATHY No, you didn't.
WENDY Yes, I did. What's wrong with that?
CATHY Sarah has such a big mouth. Now the whole town will know.

웬디 비밀로 하고 싶긴 한데, 세라한테는 내가 맷을 좋아한다고 말했어.
캐시 설마, 아니겠지.
웬디 얘기했는데, 그게 왜?
캐시 세라가 얼마나 입이 가벼운데. 이제 온 동네가 다 알게 생겼구먼.

• No, you didn't. '설마, 그럴 리 없다' 또는 '부정하고 싶다'는 뜻으로 쓰이오.

JACK Did you tell the class that I hate Julie?
BOB Uh.... I don't remember that.
JACK Oh, so you did. I didn't know you have a big mouth.
BOB Don't call me a big mouth. Everyone already knew how much you hate her.

잭 내가 줄리를 싫어한다고 네가 반 애들한테 얘기했나?
밥 어……. 기억이 안 나네.
잭 얘기했네. 나는 네가 그렇게 입이 싼지 몰랐다.
밥 나보고 입 싸다고 할 거 없어. 네가 걔 엄청 싫어하는 거 벌써 다들 알고 있던데, 뭐.

• the class '반 전체', '반 아이들 전체'를 그냥 이렇게 말하오. 반 아이들이라니까 클래스 칠드런 아닌가… 이런 식으로 생각하면 매우 곤란하오.
ex I told the class. 반 아이들한테 전부 말했어.

16

똥고집인 사람

"우리 아버님은 너무 고지식하세요."
(해석: 노친네가 아주 똥고집도 그런 똥고집이 없어.)

"우리 남편은 한 번 아닌 건 절대 아닌 사람이에요."
(해석: 인간이 똥고집만 남아가지고 사람 속을 뒤집고 난리여.)

"우리 딸아이는 갖고 싶은 건 꼭 가져야 하는 성격이랍니다."
(해석: 야 이 지지배야! 그게 얼마짜린데 그걸 사 달라고 똥고집이여, 똥고집이.)

사랑과 행복이 넘치는, 참으로 아름다운 가정이오. 그렇지 않소이끼?
헐헐헐~~

똥고집을 영어로

hardheaded

머리가 딱딱하다~ 이렇게 표현하오. 그렇다고 해서 돌머리라는 뜻은 아니니
맹구한테 가서 이런 말을 해서는 아니 되오. 돌머리는 따로 있소이다. 또한,
여기서 hard 와 headed는 붙여서 한 단어로 써야 옳은 것이니 맘대로
별거시키고 그러믄 못 쓰오.

She is hardheaded.

EXAMPLES

❶ 우리 아들 똥고집 장난 아니야.
My son is hardheaded.

❷ 똥고집이 얼마나 센지 자기가 원하는 대로 다 한다니까.
He is hardheaded about getting his way.

- get one's way 제멋대로 하다, 마음대로 하다
  ex He always gets his way. 쟤는 항상 자기 하고 싶은 대로만 다 해.

DIALOGUE 1

SON Mom, can we stay here? I don't want to move to a different city.
MOM I don't either.
SON Can you talk to Dad again?
MOM You know how **hardheaded** your dad is. We can't win.

아들 엄마, 우리 그냥 여기서 살면 안 돼요? 다른 동네로 이사 가기 싫단 말이에요.
엄마 나도 싫다.
아들 엄마가 아빠한테 다시 한번 말해 보면 안 돼요?
엄마 너희 아빠 똥고집인 거 알지? 절대 못 이겨.

- I can't win. 알아 두면 매우 기특한 표현이오. 고집으로도 못 이기고, 말싸움으로 못 이기고, 재치로도 못 이기고, 순발력으로도 못 이기고, 아무튼 못 이기겠다 싶을 때 갖다 쓰면 되오.

DIALOGUE 2

WENDY Aren't you going to talk to him again?
CATHY No, I'm not.
WENDY What's the big deal? You are just being **hardheaded**.
CATHY Whatever you say. I'm not going to change my mind.

웬디 너 걔랑 말 안 할 거야?
캐시 응. 안 해.
웬디 별것도 아닌 걸 가지고. 괜히 똥고집 부리고 그런다.
캐시 네가 뭐라 말해도 소용없어. 난 마음 안 바꿀 거야.

- What's the big deal? 그게 뭐 대수야! / 그게 뭐 대단한 일이야? / 별것도 아닌 걸 가지고 왜 그래?

17

멍청한 사람 / 돌대가리

"물통 하나에는 물이 4573리터 들어 있습니다. 또 다른 물통 하나에는 물이
2837리터 들어 있습니다. 자, 그렇다면 모두 몇 개의 물통이 있을까요?"
"두, 두 개?"
"정답입니다! 이 어려운 문제를 풀다니 정말 믿을 수가 없군요."

예전에 보았던 영화의 한 장면이오. 답을 맞힌 주인공은 총명함을 인정받아
바보들만 살아남은 나라의 대통령에 당선된다는 내용이었소.

머리가 나쁜 사람, 바보를 우리는 돌대가리라 부르오만, 영어로는

bonehead

'뼈대가리'라 부르오. 이 역시 bone과 head를 분리해 쓰지 아니하고 함께 붙여
놓는다오. 머리도 나쁜데 외롭기까지 하면 쓰겠소? 둘이 오순도순 함께 살게
그냥 두시오.

$$1 + 1 = 329$$
$$2 - 1 = 5764$$

She's a bonehead.

❶ 우리 삼촌이 좀 멍청해.
My uncle is a bonehead.

❷ 멍청하게 굴지 마.
Don't be a bonehead.

DIALOGUE 1

JACK　Who are you working with on your project?
BOB　Michael.
JACK　Oh, my! I think it won't be easy, then.
BOB　Tell me about it. He's such a bonehead.

잭　과제 누구랑 같이하냐?
밥　마이클.
잭　이런! 그럼 쉽지 않겠군.
밥　말도 꺼내지 마. 그 돌대가리!

• Tell me about it. 직역하면 "나한테 말해 달라"는 것이나, 그렇다고 정말 말을 해 주어선 아니 되오. 왜? 말 안 해도 알만큼 지긋지긋한 상태란 뜻이기 때문이오. 거기다 대고 눈치 없이 "네가 말해 달랬잖아?" 하면서 들이대다 한 대 맞지 말고 냉큼 이리 오시오. "내 말이", "말도 꺼내지 마"라는 뜻이오.

DIALOGUE 2

RON　Can you explain this math problem again?
AMY　I already explained five times. How can you still not get it?
RON　You know I'm not that smart. I'm a bonehead.
AMY　This is the last time I'll explain it to you.

론　이 수학 문제 좀 다시 설명해 줄래?
에이미　벌써 다섯 번이나 설명했잖아. 어떻게 아직도 몰라?
론　내가 똑똑한 편이 아니잖아. 돌대가리인데 뭐.
에이미　설명해 주는 거, 이번이 마지막이야.

18

속없는 사람 / 실없는 사람

보면 좀 속없는 사람들이 있소. 남은 화낼 일에도 뭐 그냥 그런가 보다 헤헤
웃으며 지나가고, 실수를 많이 하긴 하는데 그 또한 개그로 승화시키면
그만이고, 좀 엉뚱하긴 하지만 뭐 딱히 속 끓일 필요 없는 그런 사람들 말이오.
이런 사람들의 특징은 몸도 마음도 건강하다는 거요. 옆 사람은 속 터져 죽어
가는 판에 자기는 꽃밭에서 양팔 벌리고 하하하하! 그러니 건강 해칠 일이 무에
있겠소? 밝으니 좋소이다. 이렇게 속없고 실없는 사람을 영어로

airhead, bubble head

이리 말하오. 머리에 딴 건 아니 들고 공기만 잔뜩 들었으니 그 얼마나 가벼울
것이오? 거기다 한술 더 떠 거품이 든 머리라잖소? 공기와 거품! 어찌 생각하면
참 모진 표현이오.

아하하하하~~

She is a
bubble head.

주의 ▸ airhead, bubble head를 사전에서 찾아보면 '멍청한 사람', '머리가 나쁜 사람'이라고 나오는데
그와는 좀 다르오. 사전이 틀렸다는 말을 하고픈 것이 아니라 실생활에서 쓰이는 용도와 사전적 의미가
경미하게 다르니 염두에 두시라는 말이오. 또한, 비교적 airhead가 더 많이 쓰이오.

EXAMPLES

❶ 걔, 애가 속이 좀 없어.
He's such an airhead.

❷ 너 참 실없다.
You are a bubble head.

DIALOGUE 1

JACK What's the score?
BOB Pizza would be nice.
JACK Huh? What are you talking about, you bubble head?
BOB I don't know, dude.

잭 몇 대 몇이냐?
밥 피자 먹으면 좋겠다.
잭 뭐? 실없이 또 뭔 소리야?
밥 나도 몰라, 야.

- dude 친구를 부를 때 "야" 정도의 뜻으로 친한 사이에 서로 습관적으로 부르는 말이오.

DIALOGUE 2

AMY My sis is such an airhead.
RON What did she do?
AMY She left her wallet on top of the car and drove all the way home. When she found her wallet, she laughed about it.
RON At least she's happy.

에이미 내 동생, 정말 맹해.
론 또 무슨 짓을 했는데?
에이미 차 지붕에 지갑을 올려놓고 집까지 운전해서 왔더라고. 제 지갑이 거기 있는 걸 보더니 막 웃는 거 있지.
론 본인만 행복하면 됐지, 뭐.

- sis sister(언니, 누나, 여동생)를 줄여서 이렇게 말하오. brother(형, 오빠, 남동생)를 줄여서 bro라고 하는 것과 같소.

45

19

동성애자, 이성애자, 양성애자

예전에 한 개그맨이 방송에 나와 해 준 이야기요. 이 사람이 촬영차 영국에 갔는데 바에서 영국 귀족을 만났다 하오. 그 귀족 신사분이 이런저런 말을 건네더니만 대뜸 자기 저택으로 초대를 하더라지요. 귀족이 사는 저택은 어떨까 싶어 초대에 응했다 하오. 그런데 저택에 도착하자 이 신사가 다른 일행은 모두 떼어 놓고 개그맨만 어느 방으로 데리고 가더랍디다. 그러더니 그랜드 피아노 앞에 앉아 그윽한 눈으로 개그맨을 바라보며 끈적한 곡을 연주하더라는 거요. 그때 알아차렸답디다.

'아! 동성애자구나!'

잘못 짚었다꼬, 나는 이성애자라꼬 말을 해야겠는데 영어가 짧으니 막막하더랍디다. 그래도 말은 해야겠고 해서 뱉은 말이,

"아임 쏘리 벗 아임 레귤라."

이 얘기를 듣고 소인은 거의 실성할 정도로 웃었다는 거 아니요. 더 웃긴 건 그 귀족이 그걸 또 알아듣고 미안하다며 고이 돌려보내 주었다는 거요. 아무튼 동성애자, 이성애자, 양성애자를 영어로는 무어라 하는지 쭉 한번 둘러봅시다.

gay / homosexual 동성애자

straight 이성애자

bisexual 양성애자

bi는 '두 개'라는 뜻으로 자전거도 바퀴가 두 개인 것은 bicycle[바이씨클], 세 개인 것은 tricycle[트라이씨클]. 덤으로 외발자전거는, unicycle[유니싸이클]이오. 유니콘(unicorn)도 뿔이 하나라 유니콘이라오.

homosexual
gay

straight

bisexual

① 그 사람 동성애자야.
He's gay.
He's homosexual.

② 나는 이성애자야.
I'm straight.

③ 그 사람은 양성애자야.
She's bisexual.

WENDY Aren't you a friend of Jane?
CATHY Yeah. Why?
WENDY I think she's so cute.
CATHY Too bad. She is straight.

웬디   너 제인이랑 친구지?
캐시   응. 왜?
웬디   걔 참 예쁘더라.
캐시   꿈 깨. 걘 이성애자란다.

- cute 한국 사람들은 '귀엽다'라고만 해석하는 경향이 있는데 '누가 예쁘다, 잘생겼다, 매력적이다, 옷이나 물건이 예쁘다' 할 때 전부 다 cute!

JACK I thought Tom was gay, but the other day, I saw him kissing a girl.
BOB He is bisexual.
JACK You've got to be kidding me.
BOB I wish I was.

잭   나는 톰이 동성애자인 줄 알았는데, 전날 보니까 여자랑 키스하고 있더라.
밥   걔 양성애자야.
잭   농담이지?
밥   나도 그랬으면 좋겠다.

- You gotta be kidding me. (구어체 스펠링) 농담이겠지.

20

놓치고 싶지 않은 사람 /
평생 곁에 두고 싶은 사람

바로 이 낭자야! 바로 이 도령이야! 절대 놓치고 싶지 않은 사람을 만난 순간,
세상은 온통 벚꽃 축제! 기분은 그야말로 띵호와! 그렇다면 얼른 가족과
지인들에게 이 희소식을 알려야 할 게 아니요? 그럴 때 쓰시라고 나온 말
되시겠소.

keeper

무의식적으로 조현우 선수를 생각했다면 당장 집으시오. 골키퍼 얘기가
아니외다. 그나저나 말 나온 김에 우리 조현우 선수 정말 사랑꾼이지
않소? 자신의 프로통산 100경기 기념 행사에서 지금의 아내에게 확 그냥
프러포즈를~ 어우, 멋있소. 이제 본론으로 돌아가서 평생 곁에 두고
싶은 사람, 놓쳐서는 안 될 사람을 두고 이 단어를 쓰오. 물론 "바로 이
사람이야!"라는 뜻으로 She's the one. He's the one. 이런 표현도 많이
쓰오만 좀 색다른 표현을 배워 보자 이거요.

아! 자주 쓰이는 것은 아니지만, 가끔 평생 곁에 두고 싶은 친구나
잃고 싶지 않은 지인들에게도 이 말을 쓰오. 그러나 대부분의 경우엔
남녀상열지사에 쓰이오.

He's a keeper.

① 그녀를 놓치고 싶지 않아
She's a keeper.

② 그 남자는 아무래도 아닌 것 같아.
He's not a keeper.

WENDY Elias is so thoughtful.
CATHY I know. He seems down-to-earth.
WENDY He's definitely a **keeper**.
CATHY I hope you don't miss your chance with him.

웬디   엘라이어스는 생각이 참 깊은 사람이야.
캐시   그러니까. 사람 참 진국이더라.
웬디   진짜 평생을 함께할 만한 사람이야.
캐시   네가 놓치지 않았으면 좋겠어.

- thoughtful 사려 깊은

JACK Ann is a **keeper**. She's so gorgeous.
BOB You think she's a **keeper** only because she's good looking?
JACK Not only that. She has a heart of gold.
BOB I guess she is a **keeper**.

잭   앤을 놓치고 싶지 않아. 너무 예뻐.
밥   외모만 보고 안 놓치겠다는 거야?
잭   그뿐만 아니라 마음도 비단결이라고.
밥   놓치면 안 될 사람인가 보네.

- gorgeous 너무나 근사한 외모를 가진 이들이 들어 마땅한 말로서 참으로 자주 쓰이오. 남녀 할 것 없이 누구든 잘생기고 예쁜 사람을 보면 이걸 가져다 쓰시오.

말! 말! 말!

21

입만 살아서 / 말뿐인

"걱정하지 마. 나한테 맡겨."
"내가 다 알아서 할 테니 넌 가만히 있어."

하는 말을 들어 보면 하나에서 열까지 자기가 앞장서서 다 하겠다는 식인데, 막상 하는 건 아무것도 없는 사람들. 아~ 열받소. 그럴 거면 아예 말을 말든가. 중국인들이 오랜 세월에 걸쳐 땀으로 쌓은 만리장성을 몇 초 만에 입으로 쌓는 분들! 건축업으로 치자면 날림 공사도 이런 날림 공사가 없다, 이 말이오.

이렇게 입만 살아 숨쉬는 사람을 일컬어

all talk

말뿐이다! 이렇게 표현하오.

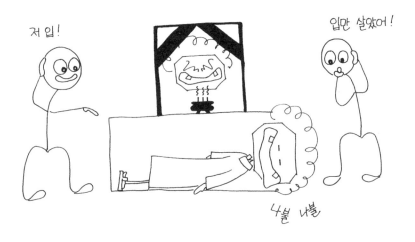

❶ 우리 아빠는 늘 말뿐이야.
My dad is all talk.

❷ 너는 입만 살았지, 하는 건 아무것도 없어.
You are all talk and no action.

DAUGHTER Mom, Dad said he would buy me a new phone next week.

MOM Next week will never come. You know your dad is all talk, don't you?

DAUGHTER I know, but he said he would keep his word this time.

MOM All I have to say is, "Good luck!"

딸   엄마, 아빠가 다음 주에 새 휴대 전화 사 준대.
엄마   다음 주는 절대 오지 않을 거다. 너희 아빠 늘 말뿐인 거 모르니?
딸   알긴 아는데, 그래도 이번엔 약속 꼭 지킨댔어.
엄마   해 줄 말이라고는 "행운을 빈다!"는 말밖에 없구나.

- keep ~ word 약속을 지키다, 한 말을 책임지다
  ex Keep your word. 네가 한 말은 책임져.
  I should keep my word. 내가 한 약속은 지켜야지.

WENDY I have to do everything for our group project.

CATHY Why do you have to do everything? You said it's a group project.

WENDY You wouldn't say that if you knew what kind of people I work with. They are all talk and they do nothing.

CATHY That's a bummer.

웬디   우리 그룹 프로젝트는 내가 혼자 다 한다니까.
캐시   왜 너 혼자 다 해? 그룹 프로젝트라며.
웬디   내가 어떤 인간들하고 같이 작업하는 줄 알면 그런 소리 안 할 거다.
     다들 입만 살았지, 하는 건 아무것도 없어.
캐시   완전 깨네.

- bummer 확 깨는 것, 기대에 어긋나는 것, 실망스러운 일

22

말동무해 줄게 / 같이 있어 줄게

어렸을 때 있었던 일이오. 몇몇 친구들과 손잡고 좁은 골목을 지나고 있었는데
어느 집 대문 앞에 웬 할머니 한 분이 쪼그리고 앉아계시더이다.
"아이고, 덥지? 이리 와서 좀 쉬었다가 가, 응?"
우리를 보고 하도 반색을 하시기에 우리 중 아는 사람이라도 있는가
싶었소만 그것도 아니었소.
"너 저 할머니 알아?"
"아니, 모르는 사람이야."
모르는 사람과 절대 말을 섞지 말라는 교육을 철저히 받은 터라 우리 모두
할머니를 싸늘하게 지나쳤지 뭐요. 가다가 힐긋 뒤돌아보니 할머니께서 쓸쓸한
미소를 지으며 허공을 응시하고 계시더이다. 그 모습이 아직도 기억에 남아
있는 것을 보면 그때 할머니의 적적함, 외로움을 달래 드리지 못했던 것이 영
마음에 걸렸나 보오. '말동무라도 좀 해 드릴걸. 잠시라도 같이 있어 드릴걸.'

keep ~ company

망해 가는 회사를 지킨다는 뜻이 아니오.
말동무를 해 주다, 함께 있어 주다라는 표현이오.
또한, 반려동물들에게도 자주 쓰인다오.
'우리 멍멍이가 나랑 함께 있어 주는데 외로울 리가 있나.'
요렇게~!

I'll keep you company.

EXAMPLES

❶ 걔가 나랑 같이 있어 줬어.
She kept me company.

❷ 내가 말동무해 줄게.
I'll keep you company.

❸ 고양이가 늘 내 곁에 있어 주는데, 뭐.
My cat keeps me company all the time.

DIALOGUE 1

WENDY Are you busy?
CATHY Not really. Why?
WENDY Can you **keep me company**? I don't want to be alone today.
CATHY All right. I'll **keep you company**.

웬디 바빠?
캐시 별로. 왜?
웬디 나랑 같이 좀 있어 줄래? 오늘은 혼자 있기가 싫네.
캐시 그래. 내가 같이 있어 줄게.

• Not really. 별로.

DIALOGUE 2

JACK Ben is such a good friend.
BOB Is he?
JACK He **kept me company** for three days while I was at the hospital.
BOB What a nice friend!

잭 벤은 진짜 좋은 친구야.
밥 그래?
잭 내가 입원해 있는 동안 3일씩이나 나랑 말동무를 해 주더라고.
밥 정말 좋은 친구네!

23

입버릇처럼 하는 말

"내가 베트남전에서 대포를 맞고도 살아 돌아온 사람이야."
"나 젊었을 때는 내가 길만 지나가면 남자들이 다 멈춰 서서 쳐다봤다니까."
"내일부터 다이어트할 거야."
"복권만 당첨되면 내가 너 돈방석에 앉혀 줄게."

이렇게 입버릇처럼 늘 같은 말을 반복하시는 분들이 계시오.
입버릇처럼 하는 말을 영어로다가

line

이라 하오. 강 라인, 유 라인이 아니니 골라 탈 생각일랑 마시오.

56

❶ 쟤는 저게 입버릇이야.
That's her line.

❷ 우리 아빠가 입버릇처럼 하는 말이야.
That's my dad's line.

MOM When I was twenty—.
DAUGHTER You stopped every man on the street.
MOM How did you know I was going to say that?
DAUGHTEr How can't I know? That's your line.

엄마	내가 스무 살 때는 말이다⋯.
딸	엄마만 뜨면 지나가던 남자들이 다 멈춰 섰다며.
엄마	내가 그 말 할 줄 어떻게 알았니?
딸	그걸 어떻게 몰라? 그게 엄마 입버릇인데.

• stop ~ 누구를[무엇을] 멈춰 세우다
ex My dog stops everyone on the street. 우리 개만 지나가면 사람들이 보느라고 다 멈춰 선다니까.

AMY Can you help me out?
RON Anything for you.
AMY Hey, that's my husband's line. He always says that.
RON That's my line, too.

에이미	나 좀 도와줄래?
론	그대를 위해서라면 뭐든지.
에이미	야, 그거 우리 남편이 항상 하는 말인데.
론	나도 이 말을 입에 달고 산다.

24

했던 말 또 하고, 했던 말 또 하고

"1999년에 유럽 여행을 갔다가 기차에서 도난을 당했잖아. 자다가 깨어 보니 웬 남자 둘이 우리 가방을 뒤지고 있는 거야. 근데 정신이 몽롱한 게 그걸 보고도 별생각 없이 그대로 픽 쓰러져서 또 잤지 뭐야. 아침에 일어나 보니 여권, 현금, 신용카드, 싹 다 없어졌더라고. 프랑스 리옹에서 내려서 경찰서에 신고했더니 매일 밤 몇 건씩 일어나는 일이라고, 요새는 수법이 발달해서 수면 스프레이를 뿌리고 기다렸다가 들어와서 훔쳐 간다고 하더라니까."

실제로 6명이 쓰게 되어 있는 기차간에서 남편과 단둘이 있다가 당한 일이외다. 이 이야기를 처음 듣는 분들이야 솔깃해하시겠지만, 소인 주변 인물들은 하도 들어서 귓바퀴가 빠질 지경이라오.

이렇게 했던 말 또 하고, 했던 말 또 하고 하는 것을 영어로

broken record

옛날엔 집집마다 레코드플레이어가 있질 않았소? 그런데 그게 쉬이 고장 나서 바늘이 한 부분에서 튀는 경우가 허다했소. 그러면 노래의 같은 소절만 무한 반복! 그래서 나온 표현이 이거요.

She sounds like a broken record.

99 번째!

When I was young~

① 그 사람은 했던 말 또 하고, 했던 말 또 하고 하더라.
He sounds like a broken record.

② 너 했던 말 또 할래?
Are you a broken record, or what?

WENDY Oh my gosh. It was painful to be with John.
CATHY Why?
WENDY He said the same thing over and over.
CATHY I know. He sounds like a **broken record**.

웬디   세상에. 존하고 같이 못 있겠더라.
캐시   왜?
웬디   똑같은 말을 계속 반복하더라고.
캐시   맞아. 걔는 했던 말을 하고 또 하고 해.

• **Oh my gosh.** 보통은 Oh my God.이라고 알고 계실 테지만, 종교적인 이유로 요새는 이렇게들 말한다오. '크리스마스'를 holiday, "메리 크리스마스!"도 Happy Holidays!라 하는 것도 다 같은 이유에서지요.

AMY   It was 1999, and we were on a train in Europe.
RON   Are you going to tell me that story again?
AMY   Can I?
RON   No. It's like listening to a **broken record**.

에이미   1999년에 유럽에서 기차를 탔는데 말이야.
론   또 그 얘기 하려고?
에이미   해도 될까?
론   아니. 똑같은 말 또 듣기 싫어.

25

혼잣말

"세상에 그게 나한테 할 소리야? 내가 이제껏 자기한테 어떻게 했는데 인제
와서 그런 말을 해? 아니, 입은 비뚤어졌어도 말은 바로 하랬다고,
내가 자기한테 좀 잘했냐고. 안 그래? 내가 다시는 도와주나 봐라."
"엄마, 누구랑 얘기해?"
"누구는 누구. 그냥 혼잣말이지."

텅 빈 부엌에서 홀로 콩나물을 팍팍 무치며 어머니는 끊임없이 말씀하시었소.
처음엔 혼잣말이라는 게 믿기지 않아 혹시 귀신이라도 있나 소름 돋은 팔을
분시르며 사방을 둘러보기도 했소만, 결론은 혼잣말이었소이다.
그게 더 무섭소만.

이렇게 혼잣말하는 것에 능하신 분들, 단체 구매하시기 좋은 기회!

thinking out loud /
talking to myself

'생각을 속으로 하는 것이 아니라 밖으로 큰 소리 내어서 한다',
'내가 나에게 말한다'는 뜻이오.

그래가지고 말이야~

She's talking to herself.

① 그냥 혼잣말하는 거야.
I'm just thinking out loud.

② 너 또 혼잣말하니?
Are you talking to yourself again?

MOM I can't believe her. How can she do that to me?
She knows I've been doing everything for her.
DAUGHTER Mom, who are you talking to?
MOM Oh, I'm just talking to myself.
DAUGHTER That's creepy.

엄마 어쩜 그럴 수가 있니? 내가 자기 일이라면 뭐든 발 벗고 나서서 해 주는 걸
뻔히 알면서.
딸 엄마, 누구랑 얘기해?
엄마 아, 그냥 혼잣말하는 거야.
딸 사람 오싹하게.

• creepy 오싹한, 소름 끼치는

AMY My mom scares me sometimes.
RON How?
AMY Last night, I thought she was on the phone, but she was
talking to herself.
RON Some people think out loud.

에이미 가끔 우리 엄마 때문에 놀랄 때가 있어.
론 왜?
에이미 어젯밤에 나는 엄마가 전화 통화하는 줄 알았는데, 글쎄 그게 다 혼잣말이었던
거야.
론 혼잣말 많이 하는 사람들이 있더라.

• scare someone '누군가를 놀라게 하다'라는 뜻이오. 무서운 분위기를 조성해서 남에게 겁줄
때도 쓰이고 아무 생각 없이 아무개 뒤에 서 있다가 본의 아니게 깜짝 놀라게 할 때도 쓰이오.
ex A: You scared me. 너 때문에 깜짝 놀랐잖아.
B: Did I scare you? 나 때문에 놀랐어?/ 어때, 무서웠어?

• on the phone 전화기 위에 올라서라는 게 아니요. '통화 중'이라는 뜻이외다.
ex Are you on the phone? 너 지금 통화 중이야?
I'm on the phone. 나 지금 통화 중이야.

26

그런 말 많이 들어요

오래전 얘기요만, 지금 생각해도 참으로 불쾌하기 짝이 없소. 소인이 어학원에서
근무할 당시 함께 일하던 선생 하나가 어느 날 소인을 지그시 바라보더니
한다는 소리가,
"어머, 선생님! 지금 보니까 선생님 연예인 닮았다."
뭣도 모르고 기분이 좋아진 소인이 물었소이다.
"그래? 누구?"
"신동엽! 딱 신동엽이네. 나는 전지현이랑 전도연 섞어 놓은 것 같다는 말
많이 듣는데."
벌쩡한(?) 처자에게 남자 연예인을 닮았다는 것으로도 모자라 자기는 언감생심
전지현, 전도연이 다 무슨 망발이란 말이오? 허나, 비극은 여기서 끝나지
아니하였소. 12년 후! 친한 친구들과 별다방에 앉아 이런저런 담소를 나누다가
소인이 여담 삼아 12년 전 신동엽 사건을 꺼낸 것이지요. 한 친구가 요새 닮은꼴
연예인을 찾아 주는 휴대 전화 앱이 있다며 소인의 사진을 찍어 올렸소이다.
한데, 이놈의 검색 결과가 신동엽과 92% 일치라고 나왔지 뭐요? 소인은 그때
또 한 번 죽었소이다. 부활하는 게 취미 생활이오.

"어머, 신동엽 닮으셨네요."
"그런 말 많이 들어요."

get that a lot

I get that a lot.

저, 첫인상이
차, 참 좋으시네요.

탁
탁
탁

EXAMPLES

❶ 그런 말 많이 들어요.
I get that a lot.

❷ 신동엽 닮은 것 같은데, 그런 말 많이 듣지 않아요?
You look like 신동엽. Don't you get that a lot?

DIALOGUE 1

RON Wow, you look like Kim Taehee.
AMY Thank you. I get that a lot.
RON I bet you do. You're so lucky.
AMY I guess I am. Thank you.

론 와, 김태희 씨 닮으셨네요.
에이미 감사합니다. 그런 말 많이 들어요.
론 당연히 그렇겠죠. 좋으시겠어요.
에이미 그러게요. 감사합니다.

• I bet ~ '베팅(betting)'이라고 많이들 들어 보셨을 거요. 보통 도박할 때 돈 거는 것을
말하잖소? 하여, 돈을 걸어도 좋을 만큼 '확실하다, 확신한다, 장담한다'는 뜻으로 자주 쓰이오.
ex I bet they'll win. 장담컨대, 걔네가 이겨.

DIALOGUE 2

HANNA You look a lot like your mom.
MARY I get that a lot.
HANNA I thought you were your mom for a second.
MARY Everyone tells me that I look like her.

해나 너, 너희 엄마를 많이 닮았구나.
메리 그런 말 많이 들어요.
해나 잠깐이지만 난 네가 네 엄마인 줄 알았다.
메리 다들 제가 엄마 닮았다고 하더라고요.

27

아까 한 말 취소야

아까는 해도 될 것 같아서 아무개 험담을 했는데, 막상 해 놓고 보니
이거 괜히 얘기한 거 아닌가, 마음이 불편하고 후회된 적 다들 있으시리라 믿소.
그럴 때 염치 불고하고
"저기, 아까 한 말 취소야."
또한, 시간이 안 될 것 같아서 모임에 참석 못 한다고 통보해 두었는데 어찌어찌
시간이 나서 갈 수 있게 된 경우
"저번에 내가 못 나간다고 했잖아? 근데 갈 수 있을 것 같아."
이렇게 했던 말을 번복할 때 쓰는 영어 표현이 요거요.

take back

'다시 돌려받는다, 다시 가져가겠다'는 뜻이오만, 이미 한 말을 어찌 다시 주워
담는단 말이오? 특히나 남의 욕을 한 경우에는 엎질러져도 오지게 엎질러진
물일 뿐이오. 그저 남 말은 하는 것이 아니거늘, 그게 그렇게 재미있을 때가
있다, 이거요. 그래도 벼락 맞기 전에 남 얘기는 하지 마십시다.

I take that back.

야까 내가 한 말,
취소여.
다시 내놔.

EXAMPLES

❶ 했던 말 취소야.
I take that back.

❷ 이미 한 말은 취소가 안 돼.
You cannot take your word back.

DIALOGUE 1

WENDY Can you make it to my birthday party this weekend?
CATHY No, I'll be on a trip.
WENDY That's a bummer.
CATHY Wait. I take that back. Actually, my trip is next weekend, not this weekend. I can go to your party.

웬디 이번 주말에 내 생일 파티에 올 수 있어?
캐시 아니, 이번 주말에 여행 가는데.
웬디 실망이네.
캐시 잠깐. 방금 한 말 취소. 여행이 이번 주 주말이 아니라 다음 주 주말이네. 네 생일 파티에 갈 수 있겠어.

• make it (모임 등에) 가다[참석하다], (어떤 곳에 간신히)시간 맞춰 가다
  ex Can you make it to school? 학교까지 갈 수 있겠어?
       Can you make it on time? 시간에 맞출 수 있겠어?

DIALOGUE 2

JACK Hey, do you remember what I said about Cindy yesterday?
BOB   Yeah. You said she's ignorant.
JACK I take that back. I don't think it was nice to say.
BOB   Too late. You cannot take back what you already said.
JACK I wish I never said that.

잭 야, 내가 어제 신디에 대해서 한 말 기억하냐?
밥 어. 네가 걔 되게 무식하다고 했잖아.
잭 그 말 취소야. 그런 말 하는 게 아니었던 것 같아.
밥 너무 늦었어. 한번 말한 걸 주워 담을 수는 없지.
잭 그런 말을 하는 게 아니었어.

• ignorant '무지하고 무식하다'는 뜻이니 함부로 쓰지 마시오.

28

내 말이 그 말이야

"아니, 그게 무슨 삼십만 원씩이나 하냐고. 부속품 사다가 집에서 갈아 끼우면 팔만 원이면 될걸."
"내 말이 그 말이야."

"일 년 열두 달 쉬지도 못하고 일해서 일궈낸 결과인데 연말에 당연히 포상 휴가라도 줘야지."
"내 말이."

이렇게 상대방이 한 말에 격한 공감을 표현하고 싶다, 그것도 폼나게 영어로 표현하고 싶다면 이리 말씀하시오.

That's what I'm saying.

젊은이들이 좋아하는 랩 중간중간에 나오는 "유노 와람 쎄잉~?" 이거랑 와람 쎄잉 부분이 똑같으니 외울 때 도움이 될지도 모르겠구려. 떡하니 정해진 문장이라 달리 예문을 들 것도 없으니 바로 대화로 넘어가오.

That's what I'm saying.

내 말이 그 말이여.

DIALOGUE 1

JACK So she dumped you because she thought you cheated on her.

BOB She did. And I swear I've never cheated on her.

JACK She's supposed to know you're not that kind of man.

BOB That's what I'm saying.

잭   그러니까 걔는 네가 바람을 피웠다고 생각하고 널 찼다는 거네.
밥   그렇다니까. 나는 절대 바람 핀 적이 없다고.
잭   네가 그런 사람이 아니란 걸 걔도 잘 알 텐데 그러네.
밥   내 말이 그 말이야.

- dump 덤프트럭을 생각하면 쉬울 거요. '뭘 내다 버린다'는 뜻이오. 애인이나 배우자를 차 버릴 때도 이 표현을 쓰오.
  ex She dumped me. 나 차였어. / 나 버림받았어.

- cheat on ~ '바람을 피운다'는 뜻이오. on을 떼어 내고 cheat만 쓰면 '꼼수를 쓰다, 속이다' 라는 뜻이외다.
  ex He cheated on his wife. 그 사람이 자기 아내를 두고 바람을 피웠어.
  They cheated. 쟤네 속임수 썼어.

- swear '욕하다, 맹세하다'라는 두 가지 뜻이 있소만 '신께 맹세코 거짓말이 아니다, 진짜다' 라는 뜻으로 I swear을 엄청 자주 쓰오.
  ex I swear I didn't say that. 나 진짜 그런 말 한 적 없다니까.

DIALOGUE 2

AMY The movie was awesome, but I think the main role was miscast.

RON That's what I'm saying. I thought Johnny Depp would have been better for the role.

AMY That's what I was thinking.

RON That's probably what everyone thinks.

에이미   영화는 굉장히 좋았는데, 주인공을 잘못 뽑은 것 같네.
론   내 말이. 저 역에는 조니 뎁이 훨씬 잘 어울렸을 것 같은데 말이야.
에이미   나도 그 생각 했다니까.
론   아마 다들 같은 생각일 거야.

- main role 주연, 주인공
- supporting role 조연

29

너 혼자만 알고 있어

전에 알고 지내던 사람 하나가 나만 알고 있으라며 아무개의 비밀을 말해
준 적이 있었소. 내용의 심각성을 떠나 나만 알고 있으라 하였으니 비밀이
새어나가지 않도록 단단히 입조심을 하였지요. 한데, 나중에 보니 온 동네
사람들이 다 알고 있더라 이 말이오. 사람들 말이 다 똑같습디다. 그 사람이
"너만 알고 있으라." 했다는 거요. 헐~~~ 그리도 입이 간지러웠을까?
결국, 그 사람은 신뢰도 친구도 잃고 말았다오.

너 혼자만 알고 있어라는 말을 영어로는

Keep it to yourself.

이리 말한다오. 또한, 누가 듣기 싫은 지저분한 말을 할 때 역시 이 표현을
사용한다오. 듣고 싶지 않으니 너 혼자만 알고 있으라는 게지요.

❶ 꼭 너만 알고 있어야 해.
Please keep it to yourself.

❷ 아무한테도 말하지 말았어야지.
You should have kept it to yourself.

JACK Hey, I heard that Dane lost his job.
BOB He did, but he hasn't told his wife yet.
JACK Well, I think we should keep it to ourselves until he tells her.
BOB We really should.

잭   야, 대인이 직장을 잃었다던데.
밥   응. 근데 아내한테는 아직 말을 안 했나 보더라고.
잭   그럼 대인이 직접 아내한테 말할 때까지는 우리도 비밀로 해야겠다.
밥   당연히 그래야지.

RON Hey, you were right. Prune juice made me go. I went to the bathroom three times this morning.
AMY I'm glad it worked.
RON I couldn't believe how much came out.
AMY Hey, stop. Just keep it to yourself.

론   야, 네 말이 맞더라. 말린 자두 주스를 마시니까 화장실에 가고 싶더라고.
        오늘 아침에 세 번씩이나 갔다 왔어.
에이미 효과가 있었다니 다행이네.
론   얼마나 푸지게 쌌는지.
에이미 야, 그만해. 듣고 싶지 않아.

- prune '말린 자두'요. 꾸덕꾸덕하게 말린 자두를 그냥 팔기도 하고 주스로 팔기도 하는데 변비에 그만이외다.
- makes me go '나로 하여금 무엇을 하게 만든다'는 표현으로, 여기서는 '화장실에 가게 했다, 변을 보게 만들었다'는 뜻이요.

30
입방정 떤 후 부정 탈 것 같을 때

"꿈도 안 좋은데 오늘 면접 떨어지는 거 아니야?"
"난 건강 하나는 끝내줘. 감기 한 번을 안 걸린다니까."

실컷 입방정을 떨었다면 이제는 마음껏 걱정의 나래를 펼칠 차례요.

"가만있어 봐. 이거 이러다 정말로 나쁜 일 생기면 어쩌지?"
"괜히 입방정을 떨어서 부정 타는 건 아닌가?"

오~ 찜찜하오. 뭔가 대책을 세워 부정 타지 않게 하고 싶은 것은 서양이나
동양이나 마찬가지인가 보오. 한국에서 액막이로 침을 퉤퉤 뱉는다면
서양에서는

knock on wood

이렇게 말하고 근처에 있는 나무나 나무로 만들어진 가구를 똑똑 두드린다오.
나무에 신이 깃들어 있다고 믿었던 독일인들이 불운으로부터 자신을 보호해
달라 나무를 두드려 신에게 신호를 보냈던 것에서 유래되었다 하오. 사실이든
아니든, 이리하고 나면 마음이 놓이는 것은 사실이오.
단, 한국에서는 긍정적인 입방정이든 부정적인 입방정이든 일단 입방정을
떨었다 싶으면 침을 뱉소만, 미국에서는 긍정적인 입방정을 떨고 나서 너무
섣불리 말했다 싶을 때만 이 knock on wood를 쓴다는 것을 기억하시오.

1 행운을 빌어 줘. (이러다 또 부정 탈라.

Wish me luck—knock on wood.

JACK Is your team going to win the baseball game tomorrow?

BOB Yes, I think so—**knock on wood**.

JACK Well, good luck.

BOB Thanks.

잭 너희 팀이 내일 야구 경기 이길 것 같아?

밥 그럴 것 같은데. 또 입방정 떨었다가 괜히 부정 타는 거 아닌지 모르겠다.

잭 그럼 잘해 봐.

밥 고맙다.

AMY How did your job interview go?

RON I think it went well—**knock on wood**.

AMY I hope you get the job.

RON I hope so, too.

에이미 회사 면접 어땠어?

론 잘 본 것 같아. 근데 또 이런 말 했다가 부정 탈라.

에이미 취직됐으면 좋겠다.

론 그럼 얼마나 좋겠니.

31

본론만 얘기해

"미경이 엄마가 그러는데 시장에서 채소 장사하는 김 씨가 자기 형한테 사기를 당했단다. 안 그래도 올여름 비가 많이 와서 채소가 다 똥값이라는데 안됐지 뭐야. 배추도 한 포기에 얼마라더라? 듣고서 놀라서 까먹었다니까."
"그래서 사기당한 돈이 얼마나 되는데?"
"그러게 형이면 뭐하냐고. 근데 그 형이 또 그렇게 잘생겼다네. 아주 연예인 저리 가라 하게 잘생겼단다. 젊어서 여자 여럿 울렸다더라고."
"그러니까 얼마나 뜯겼냐고? 본론만 얘기해, 좀."
"지금 얘기하잖니. 근데 그 형이 다리를 전단다. 소아마비였다네."

본론에 앞서 서론 800m 달리기, 지금 한국 대표로 이 책의 저자인 Sweeney 양의 어머니가 나와 계시죠? 아, 이번엔 한국이 금메달을 노려볼 만한데요. 기록상 이 선수를 이길 만한 선수는 없는 거로 알고 있습니다만.

이처럼 서론이 장황한 경우나 말 꺼내기가 불편하여 빙빙 돌려 말하는 경우, 열받지 마시고 이렇게 외치소서.

get to the point

EXAMPLES

❶ 그냥 본론만 말하지.
Just get to the point.

❷ 짧게 가자, 짧게.
Let's get to the point.

DIALOGUE 1

WENDY Well, I don't know how I'm going to tell you this.
CATHY What is it?
WENDY We are good friends and I don't want to hurt you.
CATHY All right. Just get to the point.

웬디   저기, 이걸 너한테 어떻게 말해야 좋을지 모르겠는데.
캐시   뭔데?
웬디   우리처럼 친한 사이에 너한테 상처 주고 싶지는 않은데.
캐시   알았으니까 짧게 본론만 말해.

• hurt 마음을 아프게[감정을 상하게] 하다

DIALOGUE 2

JACK Hey, dude. How much do you have in your bank account?
BOB Enough to pay the rent for a year. Why?
JACK Would you ever lend it to anyone?
BOB All right. Let's get to the point. Do you need money, or what?

잭   야, 너 모아 둔 돈이 얼마나 있냐?
밥   일 년 치 월세 낼 돈은 있지. 왜?
잭   누가 빌려 달라면 빌려주겠나?
밥   좋아. 본론만 말하자. 돈이 필요하다는 거야, 뭐야?

• bank account 은행 계좌
  bank account number 계좌 번호

32

그 말 할 줄 알았어 / 너무 뻔해

"여길 다시 오면 내가 사람이 아니다! 너 지금 이 말 하려고 했지?"
"어떻게 알았어? 신 내렸냐? 오~ 용한데?"

용할 것도 많소. 내가 이 말을 하면 쟤는 이 말을 하겠거니, 뻔히 보이는
사람들이 있소이다. 그래 놓고는 신기하다는 듯 나를 바라보며 작두를
사 주겠다느니, 돗자리를 깔아 주겠다느니…… 즐겨 하는 말, 상황에 따라 하는
말이 뻔히 정해져 있거늘 작두가 다 웬 말이고 돗자리는 또 뭐란 말이요?

이렇게 뻔~한 사람들을 위해 개발된 상품!

predictable

흠흠…

"멍멍"
하려고 그러는 거지?

자매품으로는

obvious

예상이 가능하다, 뻔하다라는 뜻이오. 말뿐 아니라 뻔한 행동이나 반응에도
활용 가능하오.

"그 사람 또 펄쩍펄쩍 뛰면서 당장 일 관둘 것처럼 쇼했겠구먼."
"어떻게 알았어?"
"뻔하지, 뭐."

You are so predictable.

오~ 용하군.

EXAMPLES

❶ 네가 하는 말이야 뻔하지.
You're so predictable.

❷ 걔 반응은 너무 뻔해.
She's so obvious.

DIALOGUE 1

JACK Now you are going to say our government failed us big time.
BOB Hey, how did you know that?
JACK Because you're so **predictable**.
BOB Am I?

잭 또 정부가 국민을 크게 실망시켰다는 말을 하겠군.
밥 야, 너 그걸 어떻게 알았냐?
잭 너야 뻔하지, 뭐.
밥 내가?

- government 정부, 정권
- fail 실망시키다

DIALOGUE 2

WENDY I broke up with him and I'm not going to see him again.
CATHY Yes, you are.
WENDY No, I'm not. Why do you think I am?
CATHY Because it's **obvious**.

웬디 나 헤어졌어. 다시는 그 사람 안 볼 거야.
캐시 아니, 다시 볼걸.
웬디 아니야. 너는 내가 왜 다시 볼 거라고 생각해?
캐시 그거야 너무 뻔하니까.

- break up with ~ ~와 헤어지다

33

입소문

장사하시는 분들은 잘 아실거요만, 어느 식당에 뭐가 맛있더라, 어느 가게에
뭐가 싸더라, 이렇게 요, 요 입 하나로 퍼져 나가는 소문의 위력이 장난 아니오.
아무리 광고가 거창하다 해도 입소문을 무시할 수는 없다, 이거요.
허면 이 **입소문**을 영어로는 어떻게 표현하겠소?
소문이라 하니 혹 rumor(루머) 아닌가 생각하신 분 있으시오?
있으면 손들어 보시오.
계속 들고 있으시오. 틀렸으니 벌받아 마땅하오.

word of mouth

이게 답이오. 발음은 [월덥 마우쓰], 영어 발음을 훈민정음으로 승화시키려니
짜증이 확 올라오는구려.

❶ 다 입소문이지.
It's all word of mouth.

❷ 그 책, 입소문으로 유명해졌잖아.
The book became popular by word of mouth.

❸ 입소문 듣고 알았지.
I found out about it by word of mouth.

WENDY If you like sushi, you should try Bada.

CATHY Is it a popular restaurant?

WENDY It's not popular-popular. I found out about it by word of mouth.

CATHY I bet it's good, then.

웬디　회를 좋아하면 바다라는 식당에 가 봐.
캐시　유명한 식당이야?
웬디　아주 유명한 곳은 아니야. 나도 입소문 듣고 알았거든.
캐시　그럼 맛있겠네.

• 위 대화에서 popular-popular라고 같은 단어가 두 번 반복되었소. 실수가 아니라 '뭐가 아주 그렇지는 않다' 할 때 쓰는 슬랭 스타일의 구어체요.
　🄴🅇 She's not pretty-pretty... 뭐, 그렇게 예쁜 건 아니지만⋯⋯.
　　I'm not busy-busy... 뭐, 그렇게 바쁜 건 아니지만⋯⋯.

JACK What are you reading?

BOB It's a newly released sci-fi novel.

JACK How did you hear about it?

BOB I think sci-fi lovers found out about it by word of mouth.

잭　무슨 책 읽나?
밥　새로 나온 공상과학 소설이야.
잭　이 책은 또 어떻게 알았대?
밥　그냥 공상 과학 소설 좋아하는 사람들 사이에서 입소문 난 책인 것 같아.

34

말대답

아이를 키우는 분들은 잘 아실 거요만, 이 말대답이란 게 사람 눈알 튀어나오게 하는 경우가 많소이다. 저 잘되라고 주옥같은 조언을 해 주는데 거기다 대고 꼬박꼬박 말대답을 해 보시오, 눈알이 제자리에 있나. 몇 년 전, 지인이 십 대 딸과 말다툼하는 것을 보고 기겁한 적이 있소.

"네가 그러면 엄마가 속상하잖아."
"엄마 속이지 내 속이야?"
"얘 말하는 것 좀 봐?"
"엄마 말리는 거나 봐."
"어디서 꼬박꼬박 말대답을 해, 얘가?"
"엄마나 말대답하지 마."

어려서는 그토록 순하고 상냥하던 아이가 눈 흰자위를 번득이며 제 어미에게 턱을 들이미는 것이 아니겠소? 어머, 깜짝이야!
놀란 가슴 쓸어내리며 영어 표현 들어가오.
말대답하다는 영어로

talk back

말대답배 탁구 시합

Don't talk back to me.

말대답

❶ 걘 항상 말대답한다니까.
She always talks back to me.

❷ 계속 말대답을 하더라고.
He kept talking back to me.

DIALOGUE 1

DAUGHTER Mom, you need to stop nagging me.
MOM If you listen to me, I'll stop nagging.
DAUGHTER If you stop nagging, I'll listen.
MOM You better stop talking back to me.

딸 엄마, 잔소리 좀 그만해.
엄마 네가 말 잘 들으면, 나도 잔소리할 일이 없지.
딸 엄마가 잔소리 안 하면, 나도 말 안 들을 일이 없지.
엄마 말대꾸 그만해라.

• nag 잔소리하다
　ex She nags too much. 걔는 잔소리가 너무 심해.

DIALOGUE 2

SON I said I don't want to go camping.
DAD I'm sorry, but you have no choice.
SON Oh, yeah? I think you have no choice because I'm not going.
DAD You're going to get it if you keep talking back to me.

아들 캠핑 가기 싫다고 말했잖아요.
아빠 미안하지만, 선택의 여지가 없다.
아들 아, 그래요? 내가 보기엔 아빠한테 선택의 여지가 없는 것 같은데요. 난 안 갈 거니까요.
아빠 그렇게 계속 말대답하다가는 진짜 혼날 줄 알아.

• You are going to get it. 구어체 발음으로는 You're gonna get it. "그러다가 진짜 혼쭐난다."라는 경고의 말이요.

35

침 튀어 가며 열변을 토하다 / 흥분해서 말하다

열받을 때, 속 터질 때, 흥분했을 때, 기뻐 날뛸 때. 이 모든 순간의 공통점은 말이 빨라지면서 침이 튄다는 거외다. 아주 드~러워 죽겠으나 자연적인 생리 현상이니 어쩔 것이요? 겸허히 받아들이는 수밖에요.

"내가 아주 열받아서 미쳐, 미쳐!"
"아우, 정말 속 터져. 왜 그러는 거야, 도대체?"
"야, 너 어제 축구 봤냐, 축구?"
"붙었어, 붙었어! 나 시험 붙었어!"

역시 치읓과 티읕을 경계해야 할 것 같소이다. 발음이 몹시 격하오.
우리 표현은 지저분하고나 말지, 영어 표현은 잔인하오.

talk one's head off

머리가 떨어져 나간다니, 원.

She talks her head off.

1 그 사람, 침까지 튀어 가며 말하더라고.
He talked his head off.

2 우리 딸은 말할 때 흥분을 잘 해.
My daughter always talks her head off.

DIALOGUE 1

JACK Did you hear the news?
BOB If it's about Sam, yeah.
JACK Can you believe it? How could he possibly be a billionaire all of a sudden? He's not even smart. Even if he lucked out in his business, becoming a billionaire makes no sense. It's just impossible.
BOB Calm down. You don't have to talk your head off.

잭 그 얘기 들었냐?
밥 샘 얘기라면 들었지.
잭 넌 그게 믿어지냐? 걔가 갑자기 억만장자가 되었다는 게? 머리가 좋은 것도 아니고. 설사 사업이 성공했다손 쳐도 억만장자라는 게 말이 되냐고. 불가능한 일이잖아.
밥 진정해. 뭘 그렇게 침까지 튀어 가며 말하냐.

• lucked out '운이 좋았다'는 표현을 좀 더 구성지게 하면 이렇게 되오. We were lucky.와 We lucked out.을 한번 비교해 보시겠소? 어떻소이까? 뭔지 모르게 [럭다웃]이 더 강렬하고 매력적이지 않소?

DIALOGUE 2

WENDY Why does Melissa always talk her head off? It's hard to listen to her.
CATHY She really does, doesn't she?
WENDY Doesn't she know that she tires people out?
CATHY I don't think she cares.

웬디 멜리사는 말할 때마다 왜 그렇게 흥분하는 거야? 듣기 거북하게.
캐시 걔가 좀 그렇지, 응?
웬디 사람들이 피곤해한다는 걸 모르나?
캐시 상관도 안 할걸.

• tire ~ out ~를 피곤하게 만들다, 지치게 만든다

36

말을 거칠게 하다 /
입이 참 걸다

요새는 사람들의 얘기를 듣다가도 팝송을 듣다가도 기분 상할 때가 많소. 어찌
그리 욕을 많이 섞는지……. 그냥 말해도 될 것을 꼭 육두문자를 겸비해서리.
노래도 아름다운 가사 다 놔두고 왜 상욕을 하냐 이 말이오. 욕을 섞어 거칠게
말하는 것이 멋이라고 생각하는 것도 같고, 자꾸 그러다 보니 어느새 습관이
되어 버린 것도 같습디다만, 우리 모두 손잡고 언어 순화에 앞장섭시다.
(난데없는 공익광고 위원회 분위기~)

아무튼, 말이 거칠다는 표현을 영어로는

potty mouth

potty라 함은 구어체로 '변기, 요강'이란
뜻이니 '변기처럼 더러운 입, 거친 입'을 말하오.

Do you need to go potty?
(주로 어린아이들에게) 화장실 가고 싶니?

There is a Porta Potty.
저쪽에 이동식 화장실 있더라.

• Porta Potty 이동식 화장실(= portable toilet)

Potty mouth

foul language
f-word

EXAMPLES

❶ 쟨 입이 너무 걸어.
He has a potty mouth.

❷ 너 말 참 거칠게 한다.
You have such a potty mouth.

DIALOGUE 1

WENDY Gosh, Tom has such a **potty mouth**.
CATHY I know. He always uses foul language.
WENDY I can't stand him.
CATHY I can't either.

웬디　세상에, 톰은 입이 너무 걸더라.
캐시　그러니까. 입에 욕을 달고 살더라고.
웬디　들어 줄 수가 없어.
캐시　나도 그래.

• foul language foul이 '파울, 반칙'이라는 뜻인 건 다들 아실게요. 그 외에도 '나쁘다'는 뜻이 있으니, 그 뒤에 language만 붙여서 '욕설, 나쁜 말, 거친 말'이라 쓰는 것이지요.

DIALOGUE 2

AMY Gosh, you have a **potty mouth**, Ron. Can you talk without f-words?
RON Why?
AMY It really bothers me.
RON This is how everyone talks these days.

에이미　세상에, 론, 너 입 참 걸다. 쌍시옷 좀 빼고 말할 수는 없니?
론　왜?
에이미　너무 거슬러서 그래.
론　요샌 다들 이렇게 말하는데, 뭐.

• f-words 아시다시피 알파벳 f로 시작하는 몹쓸 욕을 말하는 것이외다. 우리말로는 쌍시옷이 들어간 욕이라오.

• bother 괴롭히다, 신경에 거슬리다
　◉ Don't bother me. 나 좀 건들지 마. / 신경 거슬리게 하지 마.
　Something is bothering my ear. 귀에 뭐가 들어갔는지 영 거치적거리네.

37

말조심해 / 입조심해

늘 조동아리가 화근이요. 그저 자나 깨나 입조심을 해야 하거늘 그게 그렇게
힘겨워서 말해 놓고 사람 잃고, 말해 놓고 얻어맞고, 말해 놓고 인심 잃고,
말해 놓고 후회하는 것이지요.

"어머머, 너 얼굴에 잡티 장난 아니다. 벌써 기미까지! 시집은 다 갔다, 얘.
자외선 조심해."
"너는 입조심하고. 아! 밤길도 조심하렴, 친구야."

"그 양반놈, 어디 가서 확 죽어 버렸으면 좋겠구먼."
"이봐. 말조심혀. 그러다 자네가 먼저 죽는 수가 있구먼."

목숨은 소중한 것이외다. 그러니 입 다물고 영어 공부나 하십시다.
말조심하다, 입조심하다를 영어로는

watch one's mouth

Watch your mouth!

말조심햐!

EXAMPLES

1 입조심해.
Watch your mouth.

2 그 사람 말조심하는 게 좋을 거야.
He better watch his mouth.

DIALOGUE 1

SON I wish my math teacher would get sick and can't make it to school tomorrow.
MOM Hey, watch your mouth.
SON I don't want to do my homework. I hate math.
MOM No matter how much you hate math, it's not right to wish that someone gets sick.

아들 수학 선생님이 아파서 내일 학교에 안 나왔으면 좋겠어요.
엄마 애, 입조심해.
아들 숙제하기 싫단 말이에요. 수학 싫어 죽겠다고요.
엄마 수학이 아무리 싫어도 그렇지, 누가 아프길 바라는 건 옳지 않아.

DIALOGUE 2

JACK I wish he would die.
BOB Dude, you've got to watch your mouth.
JACK I'm just saying it.
BOB It's not good for your karma.

잭 걔가 죽어 버렸으면 좋겠어.
밥 야, 너 말조심해.
잭 그냥 말이 그렇다는 거야.
밥 그게 다 너한테 돌아간다.

• I'm just saying it. 그냥 말이 그렇다는 거야. / 그냥 해 본 말이야.

• karma '카르마'라고 하면 다들 아실 거요. 머리 가르마 말고 카르마 말이요. '업, 인과응보'
라는 뜻으로 나쁜 마음을 품고 나쁜 말, 나쁜 행동을 하면 그것이 다 업이 되어 본인에게
되돌아온다고 하니 착하게 삽시다, 착하게.
ex Being nice to people is good for your karma. 사람들에게 친절하게 대하면 그게
다 너에게 돌아가게 돼 있어.

38

말이 씨가 된다

살면서 옛말 그른 거 하나 없다는 생각을 자주 하게 되오만, 그중 마음에 가장 깊이 와닿는 옛말이 바로 '말이 씨가 된다'는 말이라오. 아무 생각 없이 툭 뱉은 말도 씨가 되어 싹을 틔우고 꽃을 피우고 열매를 맺는 것을 몸소 여러 번 체험했소이다.

"나는 이다음에 꼭 미국에 가서 살 거야."

미국이 어디 붙어 있는 나라인지도 모르던 어린 시절부터 이 말을 입에 달고 살았었소. 때는 바야흐로 1970년대 말, 80년대 초, 미제라면 똥도 몸에 좋다는 인식이 팽배할 때였으니 어린 마음에 그 대단하다는 나라에 가서 살아야겠다 싶었던 게지요. 한데, 그 말이 씨가 되어 지금 이렇게 미국에 살고 있소이다. 어디 그뿐이오?

"꼭 작가가 될 거야. 반드시 내 책을 내게 될 거야."

다 늙어서까지 이 말을 입에 달고 살다 보니 결국 이리 책을 내게 되었지 않소? 그러니 여러분들도 소망을 품은 말, 희망이 담긴 말을 많이, 자주 하시길 바라오. 꿈은 이루어진다!

Be careful what you wish for.

DIALOGUE 1

AMY	Now they're saying that people can live to 100 easily. I don't want to live that long. I want to go in my 70s.
RON	Be careful what you wish for. Your 70s sounds too soon.
AMY	Living too long must be tiring.
RON	That's what you're thinking now, but you might bite your tongue when you're 70.

에이미	요샌 백 세까지 사는 게 일도 아니라고들 하네. 난 그렇게까지 오래 살고 싶진 않아. 70대까지만 살다가 갔으면 좋겠어.
론	너 그러다 말이 씨가 된다. 70대면 너무 일러.
에이미	너무 오래 살면 피곤할 것 같아.
론	지금 생각이야 그렇겠지만, 막상 그때가 되고 보면 왜 그런 말을 했을까 후회할지도 모르지.

• bite ~ tongue '혀를 깨문다', 즉 '그 말을 왜 했을까 후회한다'는 뜻이오.

DIALOGUE 2

JACK	I want to quit my job. I just want to go somewhere no one will bother me.
BOB	Be careful what you wish for. You're a doctor, and I don't think you want to lose what you've got.
JACK	You know, I don't need this. I'm just too tired.
BOB	Go get some sleep. You'll be fine.

잭	직장 관두고, 어디든 나 귀찮게 하는 사람 없는 곳으로 가고 싶어.
밥	말이 씨가 된다. 그리고 우리 의사 선생님께서 가진 걸 잘도 포기하시겠다.
잭	의사 같은 거 다 필요 없어. 너무 피곤해.
밥	가서 눈 좀 붙여. 그럼 또 괜찮아질 테니까.

• Go get some sleep. "가서 눈 좀 붙여."라는 뜻으로 자주 쓰이는 표현이오.

39

말할 틈을 안 주고
자기 말만 하더라니까

"아니, 걔는 어쩜 그렇게 말이 많니? 나한테 말할 틈도 안 주고 자기 혼자 몇 시간을 미친 아무개 널뛰듯 조잘대더니만 집에 갈 시간이라고 발딱 일어나서 가는 거 있지? 내가 무슨 방청객이니? 아무리 방청객이어도 가끔 추임새 넣을 시간은 준다더라. 근데 이건 일방적이어도 너무 일방적인 거지. 애가 어쩜 그렇게 매너가 없니? 아우, 피곤해. 어머, 나 이제 집에 가 봐야겠다. 안녕."
"……."

본시 대화가 불가능한 사람들이 있소이다.
자기 생각만 몇 광주리 쏟아부어 놓고는 휙~
무슨 말이 오가야 서로 이해도 하고 조율도 할 것 아니겠소?
말 한마디 못 끼어들게 해서야, 원.

can't get a word in

I can't get a word in.

저기……

그래 가지고
저래 가지고
이래 가지고
그래서 어째서
저째서

EXAMPLES

❶ 그 사람이 말할 땐 끼어들 수도 없다니까.
When she talks, I can't get a word in.

❷ 나는 말 한마디 못했어.
I couldn't get a word in.

DIALOGUE 1

WENDY Did you tell your mom about your new job?
CATHY I tried, but I couldn't get a word in.
WENDY Why is that?
CATHY She talks too much.

웬디 엄마한테 새 직장 말씀드렸어?
캐시 하려고 했다만, 말 한마디 못 꺼냈다.
웬디 왜?
캐시 우리 엄마가 말이 좀 많아야지.

DIALOGUE 2

JACK Does Sam still think you told on him?
BOB Yes, he does.
JACK Why didn't you tell him it wasn't you?
BOB I tried, but he was so mad at me. He talked his head off,
and I couldn't get a word in.

잭 샘은 아직도 네가 일렀다고 생각하는 거야?
밥 응.
잭 네가 이른 게 아니라고 말하지 그랬어?
밥 하려고 했는데 걔가 너무 열받아서, 자기 말만 하는 바람에 말도 못 꺼냈어.

• tell on ~ ~를 고자질하다, 일러바치다
ex She told on me. 걔가 나를 일러바쳤어.

89

40

혀 짧은 소리

"옵빠~ 떠넝이 아이뜨끄딤 타두테여~!"

이게 대체 어느 나라 말이란 말이요? 어헛, 참……
이처럼 오빠 앞에서 귀엽게 보이고자 발광할 때 나타나는 증상이 바로 혀
짧은 소리가 아니겠소? 놀라운 건 오빠들이 귀여워 어쩔 줄 모르며 정말로
아이스크림을 사 준다는 거요. 본시 혀 짧은 소리라 함은 아직 발음이
부정확한 어린아이들이나 내는 소리이거늘, 다 큰 어른이 이를 악용하여 공짜
아이스크림을 얻어먹다니……

아무튼, 이 혀 짧은 소리를 영어로는 무어라 하겠소?

또 혀 짧은 소리랬다고 short tongue이라 하믄 싫소. 허락도 없이 남의 혀
길이를 줄이고 그러믄 못쓰오. 답은 이거요.

baby talk

"옵빠, 어데 떠넝이 꿍꼬또. 기싱 꿍꼬또."

내 이놈의 선영이를 어찌해야 좋단 말이오?

EXAMPLES

❶ 혀 짧은 소리 하지 마.
Stop your baby talk.
No more baby talk.

DIALOGUE 1

WENDY Gosh, my son keeps using **baby talk**. I hate it.
CATHY How old is he?
WENDY He's nine. He needs to stop his **baby talk**. It's so embarrassing.
CATHY He will. Just relax.

웬디 아우, 우리 아들이 자꾸 혀 짧은 소리를 하는데 듣기 싫어 죽겠어.
캐시 몇 살이지?
웬디 아홉 살. 이제 혀 짧은 소리는 그만해야 할 나인데. 내가 아주 창피해 죽겠어.
캐시 이제 안 하겠지. 맘 편히 가져.

• embarrassing 창피한, 수치스러운, 남 보기 부끄러운

DIALOGUE 2

AMY Oh, look at that baby. So cute!
RON Why is her mom using **baby talk**?
AMY That's how moms talk to their babies. Don't you know anything about babies?
RON What would I know? I'm a man.

에이미 어머, 저 아기 좀 봐. 귀여워라!
론 애 엄마는 왜 혀 짧은 소리를 하는 거야?
에이미 아기랑 말할 때는 원래 다 그렇게 하는 거야. 넌 아기에 대해 아무것도 모르는구나?
론 내가 뭘 알겠어. 남잔데.

사람이 일을
하다 보면
말이야~

41

대세를 따라야 할 때도 있고

어느 날 길을 가다가 정대세 선수를 만난 거요. 어떤 이는 가던 길을 멈추고
정대세 선수 뒤를 따르고, 또 어떤 이는 그냥 자기 가던 길을 가고.
'이를 어쩌나? 날이면 날마다 볼 수 있는 정대세 선수도 아닌데, 그냥 오늘 일정
다 미루고 대세를 따라야 하나, 아니면 그냥 내 갈 길을 가야 하나?'
막 갈등을 때리고 있는데 행인 하나가 이런 말을 하는 거요.
"이럴 땐 그냥 대세를 따르는 게 좋소."
하여, 정대세 선수 뒤를 졸졸 따라가게 되었다는, 말도 안 되는 설화가 전해져
내려오고 있는 것이라오.

아무튼, 대세를 따른다를 영어로는

go with the flow

flow가 흐름이라는 뜻이니 흐름을 따른다, 이리 보시면 되겠소이다.
그렇다고 정대세 선수의 영어 이름이 'Flow 정'이라고 생각하면 매우 곤란하오.

A stalker? I'll go with the flow.

> **막간을 이용한 문화 강좌▶**
> 한국과는 달리 미국에서는 선거
> 때 어느 후보를 찍느냐 하는 것이
> 매우 개인적이고 비밀스러운
> 문제로 간주된다오. 하여, 친구
> 사이나 가족 사이에도 너는
> 누구를 찍었냐 물어보는 것이
> 예의에 벗어나는 행동으로
> 여겨질 수 있으니 막 물어보고
> 그러면 아니 되오.

EXAMPLES

❶ 대세를 따르는 게 제일 나아.
It's best to go with the flow.

❷ 무턱대고 대세를 따라서는 안 돼.
You should never just go with the flow.

❸ 너무 신경 쓰지 말고 사람들이 하자는 대로 해.
Relax and go with the flow.

DIALOGUE 1

WENDY I don't know what I should do with my hair. What do you think?

CATHY How about getting a bobbed haircut?

WENDY Isn't bobbed hair out of style?

CATHY It came back. Everybody is getting a bobbed haircut. Just **go with the flow.**

웬디   머리를 어떻게 해야 할지 모르겠어. 네 생각은 어때?
캐시   단발은 어때?
웬디   단발은 한물가지 않았어?
캐시   요새 다시 유행이야. 다들 단발로 자르는 추세라고. 그냥 대세를 따라 봐.

- bobbed hair 단발머리
- out of style 유행이 지난, 한물간, 촌스러운

DIALOGUE 2

RON I know lots of people are voting for candidate #2, but I'm not **going with the flow.**

AMY Who are you voting for, then?

RON I'm voting for candidate #4. I think he's the one who can change things for the better.

AMY I hope you're right.

론   2번 후보 지지자들이 많다는 건 아는데, 그렇다고 대세를 따라가지는 않으려고.
에이미 그럼 넌 누굴 찍을 건데?
론   난 4번 후보 찍을 거야. 그 사람이야말로 좋은 쪽으로 변화를 가져올 사람 같아.
에이미 그러면야 좋지.

- candidate 후보
- vote for ~ ~에게 투표하다, 선거에서 ~를 찍다

42

빡세게 일해야 할 때도 있고

빡센 걸로는 여러모로 대한민국이 일등이 아닌가 하오. 옹알이도 떼기 전에
제2외국어를 시작해야 하고, 걸음마 떼자마자 피겨 스케이트든 축구든 시작해야
하며, 악기라면 하다못해 탬버린이라도 하나 제대로 다뤄야 하고, 공부가 죽든
내가 죽든 둘 중 하나는 죽어야 결판이 나며, 그러다 군대를 가면 아군인지
적군인지 모를 이들과 황산벌 전투를 치러야 하는 데다, 직장을 잡는 것은
하늘의 별 따기, 그 직장에서 안 잘리고 버티기는 하늘에 별 달기만큼 어려우며,
늙어서도 은행 대출 갚느라 죽을 시간이 없다 하니 이보다 더 빡셀 수가 있단
말이오? 아~ 숨이 막히오.

이렇게 빡세다 하는 것을 영어로는

intense

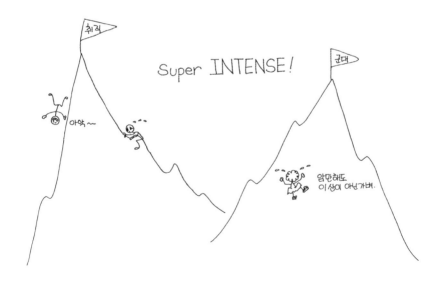

EXAMPLES

❶ 한국 군대는 정말 빡세.
The Korean military is very intense.

❷ 훈련 과정이 엄청 빡세.
The training course is super intense.

❸ 경쟁이 엄청 치열하더라고.
The competition was very intense.

DIALOGUE 1

JACK	I heard the OCS course is very intense.
BOB	Part of the PT test is intense, but overall not too bad.
JACK	Did you pass?
BOB	Of course I did. It's me, Iron Man.

잭	사관 학교 과정이 굉장히 빡세다던데.
밥	체력장이 빡세긴 한데, 전반적으로 못 해 먹겠다 싶을 정도는 아니야.
잭	합격했어?
밥	당연하지. 내가 누구냐, 아이언 맨 아니겠냐?

- OCS(= officer candidate school) 사관학교

- PT(= physical training) 체력장
  참고로, 체육은 PE(physical education)라고 하오.

- overall 전반적으로, 전체적으로

DIALOGUE 2

WENDY	My math teacher is very intense.
CATHY	Do you get lots of homework?
WENDY	Of course. She acts like nothing else in the world is more important than math.
CATHY	Good luck with her.

웬디	우리 수학 선생님, 정말 빡세게 가르쳐.
캐시	숙제가 많아?
웬디	당연하지. 이 세상에 수학보다 더 중요한 건 아무것도 없다는 식이야.
캐시	잘 견디시게.

43

멍때리고 앉아 있는 경우도 있고

때는 바야흐로 조선 왕조 500년 중 골라잡아 아무 날!
아리따운 한 여인이 호숫가에 앉아 저~멀리 어딘가를 응시하고 있었소.
"아, 어찌 저리 아름답단 말인가! 대체 무슨 생각을 저리 골똘히 하는 것인지
궁금하구나."
이를 본 도령 하나가 이 여인에게 반하여 홀린 듯 여인에게로 다가갔소.
허나 여인은 도령이 곁에 서 있는 것도 알아채지 못하고 연신 앞만 보고 있더란
말이오. 이상하다 여긴 도령이 여인의
눈앞에 손바닥을 흔들어 보였는데…….
"얘 뭐니? 멍때리는 거였어? 아놔~!"
이리하여 도령이 홀딱 깼다는,
참으로 가슴 아픈 얘기올시다.

멍때리다, 영어로는

zone out / space out

말 그대로 '어떤 구역 밖으로 이탈했다'는 뜻이오.

EXAMPLES

1 너 또 멍때리고 있니?
Are you zoning out again?

2 쟨 수학 시간만 되면 멍때려.
She always spaces out during math class.

DIALOGUE 1

AMY	Wow! What a movie! Wasn't it awesome?
RON	I zoned out during the movie.
AMY	What's wrong with you? You said you wanted to watch it.
RON	I know. My bad.

에이미	와! 영화 끝내준다! 정말 재밌었지?
론	나는 영화 내내 멍때리느라고.
에이미	넌 도대체 왜 그래? 이 영화 네가 보자고 했잖아.
론	알아. 내가 잘못했어.

• My bad. 내 잘못이야. / 내 실수야.

DIALOGUE 2

WENDY	Are you listening to me?
CATHY	Sorry. What were you saying?
WENDY	I guess I'm boring you.
CATHY	No, it's not that. I spaced out for a second.

웬디	내 말 듣고 있는 거야?
캐시	미안. 뭐라고 했어?
웬디	내 얘기가 지루한가 보네.
캐시	그게 아니라, 잠깐 멍때리고 있었어.

• boring ~ ~를 지루하게 하는
  ex Am I boring you? 내 얘기 지루하지?

• It's not that. 그게 아니야.

99

44

한 수 위인 사람과 일할 때도 있고

아주 오래전, 독일 뮌헨의 한 뒷골목에 소시지를 주렁주렁 매달아 놓고
파는 가게들이 밀집해 있었는데, 소인도 맛 좀 볼까 하여 그중 한 집에서
소시지를 고르고 있었소. 한데 초라한 몰골의 개 한 마리가 다리를 절룩거리며
다가오더니 처량한 눈빛으로 소시지 가게 주인을 하염없이 쳐다보는 게
아니겠소? 그 모습이 어찌나 가엾던지. 가게 주인이 표독스러운 눈으로 개를
한 번 휙 쳐다보더니 고개를 절레절레 흔들며 신경질적으로 소시지 하나를
떼어내어 휙 던져 주니, 그제서야 개가 소시지를 물고 절름절름 자리를 뜨는
것이었소. 그러고 나서 가게 주인이 하는 말이,
"저놈의 개는 제집 소시지 놔두고 맨날 남의 집 소시지만 축낸다오."
"집 없는 개가 아니고요?"
"집이 없기는. 바로 옆 옆집 개요. 맨날 저렇게 불쌍한 척 손님 있을 때만 와서
소시지 하나씩을 받아간다오."
아닌 게 아니라 소시지를 물고 발랄하기 짝이 없게 옆 옆집으로 쑥
들어가더이다. 개 주인이 우리 쪽을 보고 웃으며 독일어로 뭐라 뭐라
하더이다만, 알아들을 수는 없어도 그게 다 이웃사촌 간의 농이고 정이
아니었나 싶소. 게다가 그 개야말로 사람보다 한 수 위가 아니겠소?

한 수 위다 하는 것을 영어로는

outsmart

She outsmarted me.

한수위!

❶ 개가 그 사람보다 한 수 위야.
The dog outsmarted him.

❷ 그 사람이 나보다 한 수 위야.
She outsmarted me.

AMY Don't you feel bad for that dog? Can you share your food with him?

RON I know that dog. He has a home with a nice family, and he's fed well. He's just acting pitiful to trick people.

AMY You're kidding me.

RON I'm not kidding you. He outsmarts people.

에이미 개가 불쌍하지도 않아? 음식 좀 나눠 주면 안 돼?

론 내가 저 개를 잘 알지. 집도 있고, 좋은 가족도 있고, 밥도 잘 얻어먹는다고. 그냥 불쌍하게 보이려고 저러는 거야.

에이미 설마.

론 설마가 아니야. 저 개가 사람보다 한 수 위라고.

• pitiful 측은한, 가련한
• You're kidding (me). 설마. / 농담이겠지.

JACK I can make you say "green."

BOB No, you can't. I'm not going to say it.

JACK Yes, I can. I'll make you say "gray."

BOB You said "green", not "gray."

JACK See? You just said "green."

BOB Oops. You outsmarted me.

잭 난 네가 '초록색'이라고 말하게 할 수 있어.

밥 안 될걸. 내가 그 말을 안 하면 그만인데 뭐.

잭 할 수 있어. 네가 '회색'이라고 말하게 만들 거야.

밥 '회색'이 아니라 '초록색'이라고 했어.

잭 그것 봐. 방금 '초록색'이라고 말했잖아.

밥 이런. 네가 나보다 한 수 위네.

45

식상하게 느껴질 때도 있고

사실 세상 모든 것은 식상해지기 마련이오. 영원할 것만 같던 사랑도, 밤잠
설치며 시청하던 드라마 속 삼각관계도, 하다못해 매주 우리의 지구를 구해
주던 슈퍼맨마저 식상해지고 마는 것이오. 인기 연예인들이 늘 불안해하는
이유도 다 그래서인 게지요. 지금이야 온 국민이 나를 원하고 있지만 얼마 안 가
이젠 지겹네, 참신한 인물이 필요하네, 제발 좀 안 나오면 안 되나. 이러니 어찌
맘 놓고 살겠소이까? 오래전에 한 연예인도 그런 이유로 자살을 한 적이 있었소.
대중의 마음에서 밀려나 식상한 사람이 되는 것이 두려워 최고의 자리에서
죽음을 선택했다 하더이다. 참으로 무서운 일이오. 사람 마음이라는 것이 너무
익숙한 것에게는 무관심해지고 냉랭해지기 마련인데, 자연스럽고도 잔인한
본성이지요. 식상하다 생각 말고 오랜 지기처럼 아껴 주면 좋으련만.

식상하다는 표현을 영어로는

get old

살다살다
별꼴을······

It's getting old.

EXAMPLES

① 식상하네. / 질리네.
It gets old.

② 갈수록 식상해져.
It's getting old.

DIALOGUE 1

WENDY Wow! Look at this view. You're so lucky to live here.
CATHY Actually, it gets old after a while.
WENDY How can you say that? You're so spoiled.
CATHY Maybe I am.

웬디   와! 경치 좀 봐. 이런 데서 살다니 넌 참 복도 많다.
캐시   그래도 계속 살다 보면 질려.
웬디   그런 말이 어디 있어? 완전 복에 겨웠구먼.
캐시   그런지도 모르지.

• spoiled '버릇을 잘못 들였다, 복에 겨웠다, 감사한 줄 모르고 당연하게 생각한다'는 뜻으로 자주 쓰이오.

DIALOGUE 2

JACK Hey, can you stop listening to that song? Or at least wear a headset?
BOB Is it bothering you?
JACK That song is everywhere and it's getting old.
BOB All right. I'll wear earbuds.

잭   야, 그 노래 좀 그만 들으면 안 되겠냐? 아니면 최소한 헤드폰이라도 쓰든가.
밥   신경에 거슬려?
잭   어딜 가도 그 노래가 나오니까 지겨워서 그러지.
밥   알았다. 이어폰 끼마.

• headset 헤드폰
• earbuds 이어폰

46

확실하게 결정된 게
없을 때도 있고

2년여 전, 지금 사는 지역으로 이사 오는 과정에서 남편 직장 상사의 농간으로
모든 계획과 절차가 갑자기 공중에 붕 뜬 적이 있었소. 이사 간다고 친구들한테
얻어먹은 밥이 몇 그릇이며, 받아 챙긴 선물이 몇 꾸러미인데 이제와서
갈지 말지 모르겠다고 말해야 하다니! 다행히 일이 잘 풀려서 다시 이사가
진행되었고, 그러다 옘병! 상사가 또 딴지를 걸어서 다시 주춤. 또 가래서 가나
보다 했는데 이사 갈 집의 수리가 늦어지는 바람에 연기. 이제는 가나 했더니
월급 급여 기간 맞춰 가느라 연기.
"아, 도대체 이사를 갈 거야, 말 거야?"
"확실하게 언제 간다는 거야?"
"가긴 가는 거야?"
결국, 이사 오는 날까지 구박만 받았다는 거 아니겠소?

이렇게 확실하게 정해진 것 하나 없는 상황을 영어로는 뭐라 하겠소?
이 글 초반에 힌트를 드렸소만.

Everything is
up in the air.

'모든 계획이 공중에 붕 떴다'고
내가 얘기했잖소?

EVERYTHING IS UP IN THE AIR.

DIALOGUE 1

WENDY Do you have any plans for summer?

CATHY Well, we are thinking about going to Thailand.

WENDY That sounds awesome! Where in Thailand? How many days are you thinking?

CATHY We have no details yet. Everything is up in the air.

웬디 여름에 무슨 계획이라도 있어?
캐시 글쎄, 태국에 갈까 생각 중이긴 한데.
웬디 좋겠다! 태국 어디? 얼마 동안 가 있게?
캐시 아직 자세한 건 몰라. 확실히 결정된 게 없어.

- no details yet '아직 자세한 사항, 디테일한 것은 모른다'는 뜻으로 뉴스나 상황 보고 등에 많이 쓰이오.

DIALOGUE 2

JACK Hey, I heard that you were kicked out of your house.

BOB Yeah. I need a new place.

JACK What's the plan?

BOB Nothing. Everything is up in the air.

잭 야, 너 집에서 쫓겨났다며?
밥 어. 살 집을 구해 봐야지.
잭 무슨 계획이라도 있어?
밥 전혀. 확실하게 어떻게 해야겠다 결정된 게 하나도 없어.

- place '장소'라고들 알고 계실 거요만, 이게 '누구네 집' 할 때 house보다도 많이 쓰이오.
  ex I want to go to your place. 나 너희 집에 가고 싶어.
  My place is so messy. 우리 집 엄청 지저분해.

105

47

사정 봐 가면서
되는 대로 할 때도 있고

"나중에 어찌 될지 모르니까 그때 가서 보자. 사정 봐 가면서 되는 대로 하지, 뭐."
성질 급하고 뭐든 미리미리 계획을 세워 그대로 생활하는 사람들이 들으면
환장할 말이오. 이리 미적지근하고 무계획인 경우가 어디 있단 말이오?
소인 역시 이런 경우는 참을 수가 없소이다. 하루하루 생활 계획표를 세워
분 단위로 따박따박 따라가야 마음이 놓이는 판에, 그때 상황 봐서 하자니
가당치 않소이다.
허나, 아무리 가당치 않다 해도 영어 공부는 해야 하니 어쩌오?
어디 한번 생각들 해 보시오. 이걸 영어로는 어찌 말하겠소? 이게 워낙
생뚱맞은 표현이라 쉬이 맞히지는 못할 것이오만.

play it by ear

거 보시오. 참으로 생뚱맞지 않소이까? 왜 하필 남의 귀를 가지고서…….

① 사정 봐 가면서 하자.
Let's play it by ear.

② 봐서 되는 대로 하지, 뭐.
We'll play it by ear.

WENDY Am I going to see you at the reunion?
CATHY I hope so, but I don't know if I can make it.
WENDY Try your best.
CATHY Well, we'll play it by ear.

웬디 동창회에 나올 거야?
캐시 그럼 좋은데, 갈 수 있을지 모르겠네.
웬디 최대한 오는 방향으로 해 봐.
캐시 글쎄, 사정 봐서 되는 대로 해야지, 뭐.

- reunion '동창회'. 참고로 '고등학교 동창회'는 high school reunion, '대학교 동창회'는 college reunion이라고 하오.

AMY I heard that it might rain this weekend. What are we going to do if the fireworks are canceled?
RON Well, we'll play it by ear. If it's canceled, we'll do something else. How about a movie instead?
AMY That's not a bad idea, but I was really looking forward to the fireworks.
RON Let's hope it won't rain.

에이미 이번 주말에 비가 올지도 모른다던대. 만약에 불꽃놀이가 취소되면 어쩌지?
론 그럼 그때 가 봐서 되는 대로 하지, 뭐. 취소되면 다른 걸 하든가. 대신 영화는 어떨까?
에이미 그래도 되긴 하지만, 불꽃놀이 본다고 잔뜩 기대하고 있었는데.
론 비가 안 오길 바라야지.

- look forward to ~ ~를 기대하다

48

긴장되고,
손에 땀을 쥘 때도 있고

고약한 악당이 초고층 빌딩에 시한폭탄을 설치한다. 가만히 두면 알아서
어련히 터질 것을, 악당은 친절하게도 경찰에 알린다. 하여 잘생기고 몸 좋은
우리의 주인공이 빌딩 안으로 투입된다. 폭파 30초 전! 쓸데없이 잘생긴 우리의
주인공은 폭탄의 빨간 선과 파란선 사이에서 고뇌한다. 29, 28, 27……. 둘 중
하나만 잘라야 한다! 19, 18, 17……. 그런데 어느 것인지 알 수가 없다! 9, 8, 7,
6……. 주인공의 이마에 진땀이 흐른다. 5, 4, 3, 2……. 에라~ 모르겠다.
불길해 보이는 빨간 선 절단! 시한폭탄은 무사히 제거되고 도시에는
다시 평화가 깃든다.

이런 상황에서 주인공이 빨간 선을 자르든 파란 선을 자르든 잘못될 리 없다는
걸 뻔히 알면서도 우리는 영화를 보는 내내 손에 땀을 쥐게 되오. 왜? 그러라고
만든 영화이기 때문이오. 이왕 손에 뭘 쥐여 줄 거면 땀 대신 돈이나 쥐여 줄
일이지.

이렇듯 바싹 긴장되고 손에 땀을 쥐는 상황을 영어로는

nerve-racking

It's nerve-racking.

환장허겄네.

EXAMPLES

❶ 이렇게 손에 땀을 쥐게 하는 영화는 처음이야.
It was the most nerve-racking movie.

❷ 어려운 시험 볼 때는 바싹 긴장되지.
Taking a hard test is nerve-racking.

DIALOGUE 1

JACK Did you hear from the company that you applied to?
BOB   No, not yet.
JACK When do you expect to hear from them?
BOB   Within a week. Waiting is nerve-racking.

잭   입사 지원한 회사에서 연락 왔어?
밥   아니, 아직.
잭   언제 연락해 준다는데?
밥   일주일 안으로. 기다리는 내내 긴장되네.

• hear from~ ~에게서 연락을 받다[소식을 듣다]

DIALOGUE 2

AMY Did you watch the final soccer game last night?
RON Sure I did.
AMY Wasn't it nerve-racking? Both teams were super.
RON I know. It was a tight game.

에이미 어젯밤에 축구 결승전 봤어?
론   그럼, 당연히 봤지.
에이미 손에 땀을 쥐게 하는 경기 아니었니? 두 팀 다 엄청 잘하더라.
론   그러니까. 막상막하였어.

• super 대단한, 굉장히 좋은
  ex It was super. 굉장했어.

• It was tight. 막상막하였다.

49

만사가 순조롭게
잘 풀릴 때도 있고

한때 잘나가던 연예인이 TV에 나와서 이런 얘길 한 적이 있소. 일이 풀리기
시작하니까 뭘 해도 잘되더라고. 무슨 말을 해도 웃어 주고, 어떤 역을 맡아도
사랑해 주고, 무슨 광고를 찍어도 대박이더라고 말이오. 일반인 버전으로 한다면
아마 이런 것이겠지요? 잔디밭에 만 원짜리가 떨어져 있어서 주었더니 바로
그 옆에 네 잎 클로버가! 네 잎 클로버를 꺾어 들고 백화점엘 갔더니 경품 행사를
하길래 이름과 전화번호를 적어냈는데 오십만 원 상품권에 당첨이! 상품권을
받아 들고 기뻐하며 백화점을 나서다가 웬 이성과 부딪쳤는데, 어머 이게
웬열! 그렇게 소개팅을 해대도 못 만나던 나의 이상형이 눈앞에! 게다가 자기
전화번호를!

이렇게 만사가 술술 잘 풀릴 때를 영어로!

Everything falls into place.

이번에도 예문 없이 대화 들어가오.

DIALOGUE 1

WENDY How's it going with your moving plan?

CATHY Everything is working out great. New job, new place, the timing—everything is falling into place.

WENDY That sounds great. I'm so happy for you.

CATHY Thanks. I'm so excited.

웬디 이사 준비는 잘돼 가고 있어?

캐시 다 잘돼 가고 있어. 새 직장도 그렇고, 새집도 그렇고, 시기상으로도 그렇고, 만사가 순조롭게 잘 풀리네.

웬디 잘됐다. 내가 다 기분이 좋네.

캐시 고마워. 나도 정말 신난다.

DIALOGUE 2

JACK Are you still going to Hawaii for summer vacation?

BOB Oh, yeah. I thought I might not be able to go because of my work schedule and the cost of the trip. But guess what? Everything fell into place.

JACK Hawaii sounds fantastic, man. Enjoy.

BOB Of course I will.

잭 여름에 하와이 간다며, 진짜 가는 거야?

밥 응. 일도 일이고 여행 비용 문제도 있고 해서 못 갈 수도 있겠다 싶었었거든. 근데 있잖아, 일이 아주 술술 잘 풀리네.

잭 하와이 좋지. 잘 놀고 와.

밥 당연히 그래야지.

• cost 비용

50

하루아침에
안 되는 일도 있고

로마가 하루아침에 이루어지지 않았다는 말, 많이 들었을 거요. 허나 이게 어디
로마뿐이겠소? 서울이나 인천인들 하루아침에 이루어졌겠소? 또한, 무엇인들
하루아침에 이루어지는 게 쉬운 일이겠소? 통통한 사람이 날씬해지기, 평범한
사람이 백만장자 되기, 공부 안 하던 애가 반에서 일등 하기……. 이 외에도 많은
일이 오랜 시간에 걸쳐 차근차근 노력하고 실력을 쌓아 가야 가능한 것이지요.
게다가 해도 해도 안 되는 일과 맞닥트리기라도 하면 차라리 하루아침에 로마를
세우는 것이 더 쉽겠다 싶기도 하다오. 허나, 하루아침에 이루어지지 않는다는
것이지 아예 불가능하다는 것은 아니니 절대 포기하지 아ㅣ하고 죽어라
매달리면 결국 이루게 되지 않겠소이까?

이렇게 하루아침에 되는 일이 아니다를 영어로는

It won't happen overnight.

EXAMPLES

❶ 하루아침에 되는 일이 아니지.
It won't happen overnight.

❷ 쉽게 되는 일이 아니야.
It doesn't happen overnight.

DIALOGUE 1

JACK   I'll master French in three months.
BOB   Three months doesn't sound realistic.
JACK   I think I'm pretty good at picking up languages.
BOB   I know, but speaking a foreign language fluently won't happen overnight.

잭   3개월 안에 프랑스어를 정복하겠어.
밥   3개월에 가능할 것 같지가 않은데.
잭   내가 언어를 좀 빨리 배우는 편이잖나.
밥   그렇긴 해도 외국어를 유창하게 하는 게 하루아침에 되는 일은 아니지.

• It doesn't sound realistic. 비현실적으로 들린다. / 가능할 것 같지 않다.
  ex It sounds realistic. 현실적으로 들린다. / 가능할 것 같다.

• pick up ~ '~을 줍다'라는 뜻의 표현이오만 언어든 뭐든 '습득한다'는 뜻도 내포하오.
  ex She picks up languages quickly. 그 애는 언어를 빨리 배운다.
  He's not good at picking up jokes. 걔는 농담을 빨리 알아듣질 못한다.

DIALOGUE 2

WENDY   I need to drop 10 pounds by Saturday.
CATHY   What for?
WENDY   My friend set up a blind date for me.
CATHY   You have only two days. Losing weight doesn't happen overnight. Just give up.

웬디   이번 주 토요일까지 10파운드(4.5킬로그램) 빼야 해.
캐시   왜?
웬디   내 친구가 소개팅 주선해 줬단 말이야.
캐시   겨우 이틀 남았네. 살 빼는 게 하루아침에 되는 일도 아니고. 그냥 포기해.

• drop ~ pounds[kilograms] 몇 파운드[킬로그램]를 빼다, 감량하다
• blind date 소개팅

51

시간이 어떻게 가는지 모를 때도 있고

옛날에 한 나무꾼이 나무를 하러 산에 갔다가 우연히 동굴을 발견했다 하오.
동굴 안으로 들어가니 마을이 하나 나오는데 두 백발노인이 바둑을 두고 있기에
잠깐 구경을 했다지요. 그러다 돌아갈 시간이 되었다는 생각에 옆에 세워 두었던
도끼를 집으려 하니 도낏자루가 바싹 썩어서 집을 수가 없더랍디다. 이상하게
생각하며 마을로 내려와 보니 마을의 모습이 완전히 바뀌어 있지 뭐요.
집을 찾을 수가 없어 길 가던 사람을 잡고 자기 이름을 말하자 그 사람이 "그분은
저의 증조부이신데요." 하드라오. 이 이야기를 두고 '신선놀음에 도낏자루 썩는
줄 모른다'는 말이 생겨난 것이지요. 이처럼 대체 시간이 어떻게 흘러갔는지 모를
때가 있소. 무궁화 꽃이 피었습니다~도 아닌데, 잠깐 뭣 좀 하다 보면 여름이고,
잠깐 한눈 좀 팔다 보면 크리스마스고. 시간이 KTX를 타고 달려가오.

lose track of ~

I lost track of the date.

EXAMPLES

❶ 날짜 가는 것도 모르겠어.
I lost track of the date.

❷ 시간이 어떻게 가는지도 모르겠어.
I lost track of time.

DIALOGUE 1

AMY	What's the date today?
RON	July 13th.
AMY	Already? Gosh, I lost track of the date.
RON	I don't blame you. You've been busy these days.

에이미	오늘이 며칠이지?
론	7월 13일.
에이미	벌써? 웬일이니, 날짜 가는 것도 모르고.
론	그럴 만도 하지. 요새 네가 너무 바빴잖아.

- blame ~를 탓하다
  ex You can't blame me. 내 탓을 하면 안 되지.

DIALOGUE 2

WENDY	What time is it now?
CATHY	It's almost three.
WENDY	Shoot! I lost track of time. I have to go now.
CATHY	Don't rush too much.

웬디	지금 몇 시지?
캐시	거의 3시 다 됐지.
웬디	이런! 시간이 어떻게 가는지도 몰랐네. 가 봐야겠다.
캐시	너무 서두르지는 말고.

- shoot 욕 중에서 shit을 완곡하게 표현하여 이렇게들 잘 쓴다오. 다른 욕들도 철자 몇 개만 바꿔서 욕 아닌 것처럼 자주 쓰오. 예를 들면, Damn it. = Dang it.과 fucking = freaking 등이 있소. 성스러운 영어 교재에 욕지거리를 써대서 송구하오.

52

일이 어떻게 돌아갈지
뻔히 보일 때도 있고

한 치 앞을 알 수 없을 때도 있지만, 일이 어떻게 돌아갈지 뻔히 보일 때도 있는 법이지요. 소인의 생각으로는 정치적인 소견을 밝혔다가 블랙 리스트에 올랐던 연예인 중 상당수도 앞으로 일이 어떻게 돌아갈지 이미 알고 있지 않았을까 하오. 당시 기득권 세력이 요구하는 대로 말하고 행동하지 않은 죄를 물어 밥줄을 끊어놓을 것을 아마 알았을 것이오. 일전에 연예인 한 분이 TV에 나와 그간의 고초를 토로하며 펑펑 울더이다. 그러면서도 본인이 했던 정치적 소신 발언에 대해 후회는 없다고 말하는데, 어쩌면 이런 분들이 있어 뭔가 다시 시작할 수 있는 기반이 만들어지는 건 아닌가 하는 생각이 들더이다.

일이 어찌 돌아갈지 뻔히 보인다는 표현을 영어로는

I know how it goes.

이렇게 문장 하나를 통째로 던져 놓은 것을 보면 앞으로 일이 어떻게 돌아갈지 뻔히 보이지 않소? 그렇소. 예문 없이 바로 대화문 들어가오.

WENDY I don't think we can finish our group project on time.

CATHY What are you worried about? We have Nancy.

WENDY She said not to worry because she would do everything, but I know how it goes. She won't do anything.

CATHY Just leave it to her, and relax.

웬디 아무래도 그룹 과제 제때 못 끝낼 것 같아.

캐시 무슨 걱정이야? 우리한테는 낸시가 있는데.

웬디 자기가 다 알아서 할 테니 걱정하지 말라고 하지만, 일이 어떻게 돌아갈지 뻔해. 결국, 걔는 아무것도 안 하고 말 거라고.

캐시 그냥 걔한테 맡겨 두고 신경 쓰지 마.

- on time 정시에, 제때에
- leave 맡기다

AMY You know what? I'm not going to deal with you anymore.

RON I'm sorry. I won't give you a hard time again.

AMY I know you and I know how it goes.

RON Hey, don't get so mad at me.

에이미 있잖아, 나는 더 이상 널 상대하지 않을 거야.

론 미안해. 이제 힘들게 안 할게.

에이미 난 널 알아. 일이 어떻게 돌아갈지도 뻔히 알고.

론 야, 너무 화내지 마라.

- give ~ a hard time ~를 힘들게 하다
- get mad at ~에게 몹시 화를 내다

53

내일 아침 눈뜨자마자
처리해야 할 일도 생기고

지난겨울, 그것도 저녁 여덟 시가 다 되어서 온수 탱크가 터지는 사건이
발생했소. 캘리포니아의 겨울이라는 게 한국 같지 않아서 낮에는 반소매,
반바지도 입고 다닌다지만, 일교차가 커서 밤이면 공기가 싸늘해지는 판에
따뜻한 물을 쓸 수 없다니. 바로 배관공에게 전화했으나 너무 늦은 시각인
데다가 하필 금요일이라 그다음 날에도 사람이 올 수 있을지 없을지 확실치
않은 상황이었다오. 미국이라는 나라가 근무 외 시간, 주말, 휴일 이런 걸 오죽
챙겨야 말이오. 그래도 긴급 상황으로 등록하고 다음 날 해 뜨는 대로 사람이
오기로 해서 한숨 돌리기 했소이다만, 한국 갔았으면 누가 와도 와서 벌써 고쳐
줬겠다 싶어 답답한 마음이 드는 건 또 어쩔 수 없더이다. 온수 탱크의 비상
밸브만 잠그고 잠자리에 들며 이것이야말로 내일 아침 눈뜨자마자 처리해야 할
일이라 별렀다오.

이렇게 급히 처리해야 할 일, 1순위로 다뤄야 할 일을 영어로는

first thing in the morning

해 뜨는 대로 저놈의 닭을……

❶ 내일 아침 눈뜨자마자 그 일부터 처리할게.
I'll do it first thing in the morning.

❷ 내일 해 뜨자마자 그 일부터 해야 해.
That's first thing in the morning.

AMY	Oh no. The furnace broke and hot water is leaking non-stop.
RON	I'll call the plumber.
AMY	It's too late. We have to close the valve and wait till tomorrow morning.
RON	All right. We'll call the plumber first thing in the morning.

에이미	이런. 온수 탱크가 고장 났는지 뜨거운 물이 쉴 새 없이 새네.
론	배관공한테 전화할게.
에이미	지금 시간이 너무 늦었어. 밸브만 잠가 놓고 내일 아침까지 기다려야지.
론	그래. 내일 아침 눈뜨자마자 전화부터 하자.

- furnace '온수 탱크, 히터, 난방기' 등을 말하오. 발음을 한글로 [퍼나스]라고 표기하는 경우가 많은데 [퍼니스]라고 해야 맞소.

- plumber '배관공'이라는 뜻으로 b는 묵음으로 발음해서는 아니 되오. [플러머]라고 발음하오.

JACK	Gosh, my car just broke down.
BOB	It did? What are you going to do?
JACK	It's too late to do anything. I need to take care of it first thing in the morning.
BOB	I'll see if I can help.

잭	이런. 방금 내 차가 고장 났어.
밥	그래? 그럼 어떡해?
잭	뭘 어쩌기엔 시간이 너무 늦었지. 내일 아침 눈뜨자마자 해결해야지.
밥	나도 뭐 도울 게 없나 볼게.

- break down 고장 나다

54

볼일이 있어서
나가 봐야 할 때도 있고

소인이 일곱 살 때였던 것으로 기억하오. 그때는 나른한 오후, 엄마와 낮잠
자는 것이 일과 중 하나였소. 그날도 낮잠을 자다가 깼는데 응당 옆에 누워
있어야 할 엄마가 없질 않겠소? 가슴이 덜컹 내려앉으며 이제 나는 어찌 살아야
하나, 하는 생각이 들더이다. 어린아이에게 엄마란 그런 존재이지 않소이까?
엄마를 몇 번 불러 보았으나 대답이 없자 순간 경찰서, 고아원, 앵벌이가 차례로
떠오르더이다. 멀쩡한 아빠와 언니, 일가친척 다 놔두고 왜 그런 최악의 상황이
떠올랐는지, 원. 아무튼 서럽고 막막하여 그 자리에 앉아 목놓아 울고 있으려니
엄마가 막 뛰어들어우시더이다.
"엄마! 엄마! 어디 갔었어?"
"엄마 볼일이 있어서 잠깐 미영이네 다녀왔지."
이제 나이가 들어 자식을 키우다 보니 하루하루가 이런저런 볼일로 꽉 차는구려.
그래도 이렇게 볼일 많을 때가 좋을 때다, 감사하는 마음으로 살고 있소.

이처럼 볼일 보는 것을 영어로는 어찌 말하겠소?

errand to run /
run an errand

아! 이 errand라는 단어가
'심부름'이라는 뜻도 있소.

I have errands to run.

EXAMPLES

❶ 볼일이 좀 있어.
I have errands to run.

❷ 볼일 보는 중인데.
I'm running an errand.

❸ 우리 엄마 심부름하는 중이야.
I'm running an errand for my mom.

DIALOGUE 1

JACK   Hello?
BOB   Hey, it's me. What are you doing?
JACK   I'm running some errands. Can I call you back in a minute?
BOB   Sure. No rush.

잭   여보세요?
밥   어, 나야. 뭐 해?
잭   볼일 좀 보고 있는데. 내가 좀 있다 다시 전화해도 되냐?
밥   그래. 천천히 해라.

- call ~ back ~에게 다시 전화하다
- No rush. 서두를 것 없어. / 천천히 해.

DIALOGUE 2

WENDY   Do you want to go to a movie this afternoon?
CATHY   Well, I have to go to the store to run some errands for my mom, but after one will be fine.
WENDY   All right. I'll call you around one.
CATHY   Sounds good.

웬디   오후에 영화 보러 갈까?
캐시   글쎄, 엄마 심부름하러 가게에 가야 하긴 하는데, 1시 이후로는 괜찮아.
웬디   알았어. 1시 정도에 전화할게.
캐시   그래 그럼.

- around 어디 근처, 몇 시 정도
  ex around the house 집 근처
     around noon 정오 정도

- Sounds good. 그럼 좋지. / 그렇게 하자.

55

한심하다는
생각이 들 때도 있고

살면서 제일 힘들 때가 스스로 한심하다고 느낄 때인 것 같소. 남들은 다
잘나가는 것 같고, 누릴 것 다 누리는 것 같고, 야무지게 제 몫 다 챙기며 사는 것
같은데 나만 제대로 하는 것 하나 없이 한참 뒤처진 것 같아 한심스러울 때
정말 대책 없이 맥빠지고 슬퍼지오. 나는 대체 뭔가 싶고 말이오.
"요새 내가 참 한심하다는 생각이 드네. 이 나이 먹도록 뭘 했나 싶어서 말이야."
누구나 한 번쯤은 하게 되는 넋두리가 아닌가 하오. 허나, 우리 모두 같은 과정을
거치며 조금씩 앞으로 나아가고 있는 것이니 너무 상심하지는 맙시다.

한심하다는 것을 영어로는

pathetic

허나, 아주 친한 사이가 아니라면 쓰지 마시오. 무례하게 들리기 십상이라오.

You're so pathetic.

EXAMPLES

❶ 나도 참 한심하다.
I'm so pathetic.

❷ 너 참 한심하다.
You're so pathetic.

DIALOGUE 1

WENDY Are you still sobbing?
CATHY I'm not good at anything. I'm just a loser.
WENDY You need to stop being so **pathetic**. Get up and do something.
CATHY Leave me alone.

웬디　너 아직도 훌쩍거리고 있는 거야?
캐시　난 잘하는 게 아무것도 없어. 그냥 패배자일 뿐이라고.
웬디　한심하게 이러지 좀 말고, 일어나서 뭐라도 좀 해 봐.
캐시　나 좀 그냥 내버려 둬.

• sob '흐느낀다'는 말이오. 막 울어 재끼는 것 말고 훌쩍훌쩍.

DIALOGUE 2

RON Gosh, I shouldn't have bought those stocks. Why did I buy them?
AMY Stop talking about it. It has been over two months now.
RON Why didn't you stop me back then?
AMY Hey, stop being **pathetic**, and take out the garbage.

론　세상에, 그 주식을 안 샀어야 하는 건데. 그걸 내가 왜 샀을까?
에이미　그 얘기 좀 그만해. 벌써 두 달도 더 지난 얘기를.
론　그때 왜 나 안 말렸어?
에이미　야, 한심한 소리 그만하고, 쓰레기나 좀 내다 놔.

• back then 그때, 그 당시에는
• take out (밖으로) 내놓다

56

직감, 육감이
필요할 때도 있고

직감, 육감이 유독 뛰어난 사람들이 있소. 소인의 언니가 그런 사람이었소.
이제는 늙고 병들어 감이고 뭐고 다 떨어졌지만 젊어서는 뭣에 씌인 것처럼
육감이 뛰어나서 불안한 일, 마음 불편한 일이 생길 때마다 힘이 되어 주곤
했었소. 그런가 하면 지지리도 감이 없는 사람들도 있소. 소인의 친구 유 모
아주머니가 그 대표적인 예인데, 감이 없어도 그렇게 없을 수가 없소.
하다못해 성의도 없소.
"야, 이 일이 어떻게 돌아갈 것 같냐?"
"글쎄, 무르지."
"아우, 야! 내 얘기를 들었을 때, 딱 이렇게 될 것 같다, 저렇게 될 것 같다,
그런 느낌 없어?"
"잘될 것 같아."
"정말? 육감이 그래?"
"아니, 네가 자꾸 물어보니까."
이런……. 고마 한 대 확 쌔리~!

직감, 육감을 영어로는

gut feeling

gut은 배 속에 있는 '내장'을 말하는 것인데,
생각하기도 전에 내장이 먼저 알아차린다니, 이
아니 용하다 하겠소?

I have a gut feeling
that someone is...

❶ 감이 온다.
I have a gut feeling.

❷ 감이 영 안 좋아.
I have a gut feeling, and it's not good.

JACK I can't tell who's going to win because both teams are good. What do you think?

BOB Belgium will win for sure.

JACK Do you have a gut feeling, or something?

BOB Yes, I do.

잭 두 팀 다 잘해서 누가 이길지 모르겠네. 너는 누가 이길 것 같아?
밥 벨기에가 이겨.
잭 직감 같은 게 느껴지냐?
밥 응. 감이 온다.

WENDY I don't understand why Tim doesn't have a girlfriend, yet. He's perfect.

CATHY I bet he has one already.

WENDY What? How do you know?

CATHY I didn't say I know. I just have a gut feeling that he has one.

웬디 팀이 왜 아직 여자 친구가 없는지 이해가 안 가. 그렇게 완벽한데.
캐시 장담컨대, 걔 여자 친구 있어.
웬디 뭐? 그걸 네가 어떻게 알아?
캐시 안다고는 안 했어. 그냥 감이 딱 그렇다는 거지.

57

억대 연봉을 꿈꾸기도 하고

드라마 <응답하라>에서처럼 1980년대만 해도 일억이면 사람 팔자가 바뀌는
숫자였소. 일억이면 남들 부러워하는 집에 해외여행에 소고기 반찬 먹으며
어깨 쫙 펴고 살 수 있었다 이 말이오. 그러던 것이 지금은 집이 다 웬 말이오?
전셋값이 몇 억이라잖소. 한데, 집값도 물가도 천정부지로 치솟는 판에 월급은
왜 안 오른답니까? 월급만 쏙 빼놓고 다른 것들은 비료 먹은 잡초처럼 쑥쑥 잘도
자라니 열받아서 살수가 없소. 현실이 이러니 집값으로 억은 우스워도 연봉으로
억은 저 하늘의 별 같아 보이는 것이지요. 미국에는 억대 연봉이 흔하냐는
질문을 가끔 받는데, 한국보다야 흔하지만 억이라고
해 봤자 세금에 이런저런 보험료를 제하고 나면 남는 게 별로 없소. 세금도 몇몇
주를 제외하고는 나라에 내는 세금, 주에 내는 세금, 이렇게 이중으로 내야 하오.
게다가 의료보험료는 거의 죽음이라오. 여기나 거기나 백성들의 고초가 말이
아니외다.

억대 연봉을 영어로는

six figures

'억'이 영어로는
100,000달러로 여섯 자리
숫자요. 해서 자릿수를
나타내는 figures와 함께
이렇게 표현한다오.

I make six figures.

연봉 일억!

부럽......

EXAMPLES

❶ 그 사람 억대 연봉 받아.
He makes six figures.

❷ 너 연봉이 억대니?
Do you make six figures?

DIALOGUE 1

JACK Hey, can you pay the rent this month? I'm out of money.
BOB Do you think I make six figures? I only make as much as you do.
JACK I know, but you don't have to pay off a student loan.
BOB I have a lot of different expenses. I can't pay all the rent.

잭   야, 이번 달 월세는 네가 좀 내주면 안 되냐? 나 돈 다 떨어졌는데.
밥   내 연봉이 억대라도 되냐? 나도 네가 버는 만큼 버는 판에.
잭   아는데, 그래도 넌 학자금 대출 갚을 일은 없잖아.
밥   다른 데 돈 들어가는 게 얼만데. 월세를 나 혼자 다 어떻게 내라고.

• be out of ~ ~을 다 써서 없다, ~이 떨어지고[고갈되다]
  ex I'm out of time. 시간이 없어.

• student loan 학자금 대출
• expense 지출, 비용

DIALOGUE 2

WENDY Do you remember Terry?
CATHY The dorkiest person in our high school?
WENDY Yes. I heard that she makes six figures now.
CATHY Really? What does she do?

웬디   너, 테리 기억나?
캐시   우리 고등학교에서 제일 바보 같던 애?
웬디   응. 걔가 지금은 억대 연봉을 받는단다.
캐시   정말? 무슨 일 하는데?

• dorky 띨띨한, 바보 같은

58

월급이 깎이기도 하고

아주 오래전, 라디오에서 들었던 사연 하나를 소개하오.

남편 되는 이는 작은 회사에서 박봉과 야근에 시달리며 일하고 아내인 본인은 집에서
부업 하며 근근이 살아가던 중 남편의 감봉 소식을 들었답니다. 그로 인한 부부 싸움
끝에 남편이 아내에게 '앉아서 밥만 축내는 사람'이라는 독한 말을 했다지요.
딴에는 부업까지 해 가며 없는 살림을 꾸려 가고 있는데 그런 말을 들었으니 얼마나
마음이 상했겠소? 아내는 그길로 감춰 뒀던 비상금을 들고 시내로 나갔다 하오.
어차피 누가 알아주지도 않는 거, 나도 흥청망청 돈 한번 써 보자 작정을 했었다지요.
그런데 몇 시간을 돌아다녀도 아까워서 돈을 쓸 수가 없더랍디다. 결국, 큰맘 먹고
산 것이 길거리 노점상에서 파는 몇백 원짜리 매니큐어 힌 벙과 천 원짜리
싸구려 로션 한 병이었다오.
터덕터덕 집으로 돌아가니 남편이 대문 앞에서 기다리고 있더랍디다.
잔뜩 미안한 얼굴로 비닐봉지에 담긴 매니큐어와 로션을 한참 들여다보더니 하는 말,
"기왕 살 거 비싸고 좋은 거로 사지."
그 순간 눈물이 핑 돌면서 느꼈다 하오.
'월급이 깎여도 우리는 또 이렇게 가슴 뜨겁게 살아가겠구나.'

그러게 월급은 왜 깎아가지고설랑 사람 힘들게 한답니까?
<mark>감봉</mark>을 영어로는

pay cut

I got a pay cut.

사과 깎는 김에
네 월급도 깎아주마.

EXAMPLES

❶ 나 월급 깎였어.
I got a pay cut.

❷ 감봉을 받아들이는 수밖에.
I have to take a pay cut.

DIALOGUE 1

HUSBAND Hon, I have something to tell you.
WIFE I'm scared. What is it?
HUSBAND I got a pay cut.
WIFE No, you didn't. Don't tell me that.

남편   자기야, 나 할 얘기가 있는데.
아내   겁나게시리. 뭔데 그래?
남편   나 월급 깎였어.
아내   아니겠지. 그런 말은 하지도 마.

• hon honey의 줄임말로 '자기야'라고 부를 때 주로 이리 말하오.

DIALOGUE 2

JACK Hey, can I spend the night at your place?
BOB Why should I say yes?
JACK My dad got a pay cut so my mom is extremely upset.
I better stay away from her.
BOB I guess I have to say yes.

잭   야, 너희 집에서 하룻밤 자도 되나?
밥   내가 왜 허락해야 하는데?
잭   우리 아빠 월급이 깎여서 엄마가 엄청 열받았거든. 가까이 있지 않는 게
좋을 것 같아서.
밥   할 수 없이 허락해야 할 것 같군.

• upset 화났다고 할 때 angry보다 이 단어를 더 많이 쓰오.

59

과소평가, 과대평가
받을 때도 있고

공부를 지지리도 못하는 한 소년이 있었소. 전교 꼴찌는 매번 따 놓은 당상에
뭐 하나 제대로 하는 게 없었다오. 그런데 그 소년이 자라 보따리 장사를
시작하더니 중국을 무대로 큰 사업을 일으켰다지 뭐요? 이제는 남 부럽지 않게
떵떵거리며 대륙을 호령한다 하오. 그러니 사람 함부로 과소평가할 것이 못
된다, 이 말이오.
공부를 오지게 잘하는 한 소년이 있었소. 전교 일등은 매번 따놓은 당상에 뭘
하든 야무지게 잘 해냈다오. 그런데 그 소년이 자라 손대는 일마다 말아먹더니
결국 큰 빚을 지고는 해외 도피를 해버렸다지 뭐요? 그러니 사람 너무
과대평가할 것도 못 된다, 이 말이오.

<mark>과소평가하다</mark>, <mark>과대평가하다</mark>를 영어로는

underestimate,
overestimate

'어림잡다, 평가한다'는 뜻의 estimate와 over, under를
조합해서 만든 주옥같은 단어들이오.

You underestimated me.

에게~

You overestimated me.

어마어마!

EXAMPLES

① 날 과소평가했어.
You underestimated me.

② 내가 그 사람을 과대평가했네.
I overestimated him.

DIALOGUE 1

JACK Do you remember the new guy at my work?
BOB Alex?
JACK Yeah. I thought he was such a dork and I didn't think he would be good at his job. But, guess what? He's so sharp and smart.
BOB I guess you underestimated him big time.

잭 우리 회사에 새로 들어왔다던 사람 기억해?
밥 알렉스?
잭 응. 난 그 사람이 띨띨해 보여서 자기 일도 제대로 못 할 거라고 생각했거든. 근데 있잖냐, 엄청 예리하고 똑똑하더라고.
밥 제대로 과소평가했군.

- sharp '날카로운'이란 뜻의 단어인데 사람에게 쓰면 '예리한'이란 뜻이 되오.

DIALOGUE 2

WENDY My daughter didn't pass the test.
CATHY Oh, I'm sorry. There's always next time so don't be too depressed.
WENDY I thought she would pass it like it's nothing. I guess I overestimated her.
CATHY Don't be that way. Everybody makes mistakes.

웬디 내 딸, 시험 떨어졌어.
캐시 어머, 안됐다. 그래도 기회는 또 있으니까 너무 우울해하지는 마.
웬디 난 걔가 거뜬히 합격할 줄 알았거든. 내가 내 딸을 너무 과대평가했나 봐.
캐시 그런 식으로 받아들이지 마. 실수 안 하는 사람이 어디 있다고.

- There's always next time. 기회는 또 있다. / 다음에 잘하면 된다.
- depressed 축 처진, 우울한, 기분이 엉망인
- like it's nothing 별것 아닌 것처럼, 아무 문제 없이

60

평판이 좋은 사람도 있고, 평판이 나쁜 사람도 있게 마련이지

살면서 좋은 평판을 쌓기란 참 쉽지 않은 일 같소. 타고난 인성이 좋으신
분들이야 자연히 좋은 평판이 쌓이겠지만, 소인처럼 인성이 후지고
감정적인 데다 다혈질인 사람은 평판이 좋을 수가 없다오. 다행히 또 스스로
결점투성이인 건 알아가지고 허구한 날 도를 닦네, 해탈을 하네, 산에 들어가네,
명상을 하네, 별 짓거리를 다 한다오. 그래 놓고는 누가 어떠네, 저떠네,
남 평판엔 발 벗고 나서니, 참……. 어디서 "너나 잘 하세요~!" 하는 소리가
들리는 듯하오. 문밖에 금자 씨가 오셨나? 소인이 나가 보고 올 터이니 다들
공부하고 있으시오.

좋은 평판과 나쁜 평판은 영어로는

good reputation, bad reputation

good reputation VS. bad reputation

❶ 그 사람은 평판이 참 좋아.
She has a good reputation.

❷ 그 사람은 평판이 영 안 좋아.
He has a bad reputation.

WENDY I was supposed to see Betty this afternoon, but she didn't show up.
CATHY Betty has a **bad reputation** for always being late.
WENDY She wasn't late. She didn't even show up.
CATHY I bet she did. Probably two hours late.

웬디   오늘 오후에 베티를 보기로 했는데, 안 나왔더라니까.
캐시   베티가 원래 항상 늦는 거로 평판이 안 좋은 애다.
웬디   늦은 게 아니야. 아예 안 나왔다니까.
캐시   분명히 나왔을 거야. 두 시간쯤 후에.

• show up 나타나다, 나오다

JACK Did you hear about Volkswagen?
BOB Yeah. They have to pay a $25 billion fine for cheating customers.
JACK It will ruin their reputation.
BOB I think it's already ruined. I'm not buying their cars.

잭   복스바겐 얘기 들었냐?
밥   어. 고객 등쳐 먹다가 벌금 25조 원 때려 맞았더라.
잭   이 일로 평판 말아먹지 싶다.
밥   평판은 벌써 다 말아먹었지, 뭐. 나 같아도 걔네 차 안 산다.

• Volkswagen 저기 있잖소, 이것 좀 [폴크스바겐]이라고 안 부르면 안 되겠소? 그렇다고 [폭스바겐]도 아니오. [복스배겐]에 가까운 [복스바겐]이라오. 이리도 복스러운 애들을 왜 자꾸 [폴크스바겐]이라 하는 것인지……

• fine '좋다'는 뜻 외에 '벌금'이라는 뜻이 있소. 복스바겐이 좋아하며 25조 원을 낸 것이 아니라 벌금으로 25조 원을 낸 것이라오. 그러게 연비 조작은 왜 해서리~!

아놔~ 빡치네!

61

쟤는 맨날 나를 이용해 먹기만 해

사람이 사람을 이용한다는 것이 참으로 몹쓸 짓 같소만, 이런 경우가 주위에
은근히 많은가 보더이다.
'저 사람은 거절을 잘 못 하니까 나 대신 이것 좀 해 달라고 해야지.'
'저 사람은 착하니까 이런 걸 시켜도 거절 못 하겠지.'
'저 사람은 대학교수니까 알아 두면 나중에 덕을 볼 수도 있겠군.'
'저 사람은 강남에 식당을 가지고 있다니까 잘 지내다 보면 뭐라도 얻어먹겠지.'
'저 사람은 영어를 잘하니까 친하게 지내서 우리 아이들 영어 좀 봐 달라고
해야겠어.'
참으로 얌체 같은 마음이오. 사람을 대할 때는 그저 진실하게 대합시다.

사람을 이용해 먹는다는 것을 영어로는

take advantage of ~

그런데 이 표현이 또 좋은 뜻도 가지고 있어서
'기회를 활용하다'라는 뜻으로도 쓰이오.

욱! 감자
안타불
고래깡, 새우밥

She always
takes advantage of me.

❶ 쟨 맨날 나를 이용해 먹기만 해.
She always takes advantage of me.

❷ 이 기회를 잘 활용해 봐.
Take advantage of this opportunity.

WENDY I can't believe Barbara. She asked me to make copies for her again.

CATHY So did you do it?

WENDY Yeah. You know I'm not good at saying no to anyone.

CATHY That's why she keeps **taking advantage of** you.

웬디   바바라 말이야, 어떻게 그럴 수가 있는지. 나한테 또 복사해 오라고 시키는 거 있지.
캐시   그래서 했어?
웬디   응. 내가 거절 잘 못 하는 거 알잖아.
캐시   그러니까 걔가 자꾸 너를 이용하는 거야.

- make copies 복사하다
- I'm not good at saying no. 난 거절을 잘 못 해. / 싫다는 소리를 못 해.

JACK You know the car that I wanted to buy is now on sale.

BOB Is it? What's the sale price?

JACK It's $5,000 cheaper than the original price.

BOB Man, just get it. You should **take advantage of** this opportunity.

잭   내가 사고 싶다던 차 말이야, 그거 지금 할인한대.
밥   그래? 할인 가격이 얼만데?
잭   정가보다 5천 달러나 싸.
밥   야, 그냥 사. 이런 기회는 잡으라고 있는 거야.

- on sale 할인 판매 중인, 가격 인하 중인
- original price 정가

62

일 년 열두 달,
밤낮으로 일만 하니 원~

막내 외삼촌 얘기요. 소위 인물값 한다고 하지 않소? 너무 잘생긴 게 오히려
독이 되어 젊은 시절 다 허투루 보내고 나이 꽤나 들어서야 정신을 차렸다오.
정신을 차리고 보니 아내 혼자 온 동네 궂은일 다 해 가며 외동딸 건사를 하고
있더랍디다. 미안한 마음에 그때부터 낮에는 공사판, 밤에는 대리운전, 일 년
열두 달, 밤낮으로 일하기를 몇 년. 버스고 전철이고 다 끊긴 시각에 대리운전을
하고 나면 몇 시간 거리의 집까지 터덕터덕 걸어서 새벽녘에 돌아오곤
했답디다. 안 그러면 대리운전으로 번 삼만 원을 택시비로 다 날려야 하니
말이오. 힘들지 않냐는 물음에 삼촌이 이리 말씀하시더이다.
"힘들긴. 새벽에 해가 촤악~ 떠오를 때 걸어서 한강 다리를 건너면 마음이 뻥
뚫리는 게 얼마나 좋은지 아니? 그렇게 집에 돌아가서 식구들을 보면,
야~ 세상에 더 바랄 게 없지."
어느 날, 일출을 바라보며 한강 다리를 걸어서 귀가한 삼촌이 조금 피곤하다며
아침 식사도 마다하고 자리에 누웠다지요. 그러고는……. 그게 마지막이었소.
일 년 열두 달, 밤낮으로 열심히 일하시는 모든 분께 행복과 축복이 있으시길!

24/7 (twenty-four seven)

24시간, 일주일 내내라고 보시면 되시겠소.

She works 24/7.

EXAMPLES

❶ 그 사람은 밤낮으로 일만 해.
He works 24/7.

❷ 걔네들은 밤낮으로 붙어 다녀.
They are together 24/7.

DIALOGUE 1

AMY   Hey, do you want to go out for a drink?
RON   I can't. I'm on call.
AMY   What? You just came home.
RON   Doctors are on call 24/7.

에이미   야, 우리 한잔하러 나갈까?
론   안 되겠는데. 대기조라서 말이야.
에이미   뭐? 집에 방금 들어와 놓고.
론   의사들이야 24시간 대기하는 게 일이지, 뭐.

- drink 술 (한 잔)
- on call 대기 중

DIALOGUE 2

WENDY   I haven't seen Megan for a while. Have you seen her?
CATHY   Not really. She's with Joe 24/7 these days. They're so much in love.
WENDY   Are you serious? How come I didn't even know that?
CATHY   Because you're with your boyfriend 24/7.

웬디   메건을 못 본 지 꽤 됐네. 너는 걔 본 적 있니?
캐시   아니. 걔 요새 조랑 밤낮으로 붙어 다니잖니. 둘이 아주 좋아 죽어.
웬디   진짜? 나는 그걸 왜 몰랐지?
캐시   너는 네 남자 친구랑 밤낮으로 붙어 있으니까 그렇지.

- ~ so much in love 좋아 죽다, 무척 사랑하다

63

행운의 편지

아직도 행운의 편지가 있는지는 모르겠소만, 1980~1990년대만 해도 행운의
편지를 베껴 쓰느라 학교 공부는 뒷전이었소. 편지를 받는 즉시 열네 명에게
똑같은 편지를 보내지 아니하면 불행한 일이 생기고 말 거라는 기분 나쁜 협박
때문에 온종일 그거 베껴 쓰느라 숙제가 다 웬 말이고 예습, 복습이 다 웬 말이란
말이오? 그냥 무시하자, 설마 나쁜 일이야 생기겠는가, 하다가도 '혹시라도……'
하는 생각에 결국 책상에 앉아 뻘짓을 하는 것이지요.
한데, 이 행운의 편지 내용을 보면 1945년 영국에서 시작되었다 하였는데,
1930년대 동아일보에 몇 년 전부터 행운의 편지가 성행하면서 우편국 수입이
상당히 늘었다는 기사가 실렸다고 하니 정확히 언제 어디에서 유래된 것인지
알 수가 없소이다. 혹자는 1910년 이전에 네덜란드에서 시작한 행운의 편지가
변형되어 그리되었다고도 하오만.

행운의 편지를 영어로는 무어라 하겠소? lucky letter 어쩌고 하시는 분들 계시면
잠깐 이리 나와 보시겠소? 나왔으면 긴장하지 말고 일렬로 쭉 서 보시오.
옳지, 옳지! 자~ 이제 이단옆차기 들어가오. 아뵤~~ 정신이 좀 드시오?

chain letter

사슬처럼 줄줄이 이어진다 하여
이리 말하오. 이놈의 거지 같은
사슬을 우리 선에서 끊어 버립시다.
뭐 차력사들만 사슬 끊소?
우리도 할 수 있다, 이거요.

chain letter!
Break the chain.

1 나 행운의 편지 받았어.
I got a chain letter.

2 내 선에서 끊어야겠어.
I should break the chain.

JACK I got a chain letter in the mail. It is so irritating.
BOB Just ignore it.
JACK It's not that easy. It said I'll have bad luck if I break the chain.
BOB Do you really believe that BS?

잭 나 행운의 편지 받았어. 신경 쓰여 죽겠어.
밥 그냥 무시해.
잭 그게 그렇게 쉬운 게 아니야. 행운의 편지를 보내지 않으면 안 좋은 일이 생길 거라잖아.
밥 넌 그 말도 안 되는 걸 믿냐?

• irritating 귀찮은, 거슬리는, 신경 쓰이는
• ignore '어떤 상황, 현상, 사람 등을 무시한다'는 뜻이오. 그런데 조심해야 할 것이 있소. 못 산다고, 못 배웠다고 사람을 무시한다는 표현은 look down on ~이고 사람 말을 듣고도 못 들은 척, 보고도 못 본 척 무시한다는 표현은 ignore이라 하오.
• BS(= bull shit) '엉터리, 거짓말'의 줄임말이라오. [비에스]라 말하면 되오.
  ex That's such a BS. 그건 말도 안 돼. / 그거 완전 헛소리야.

DAD Oh, are you studying? Wait. No, you're not. What's this?
DAUGHTER Give it back. I have to send the same letter to 14 people.
DAD So this is a chain letter. Come on! You should be studying.
DAUGHTER This is more important than studying. It is about keeping bad luck from ruining my life.

아빠 오, 공부하니? 가만. 공부하는 게 아니잖아. 이게 뭐야?
딸 이리 줘요. 열네 명한테 똑같은 편지를 보내야 한단 말이에요.
아빠 그러니까 행운의 편지를 쓰고 있었던 거네. 야! 공부 좀 해라.
딸 이게 공부보다 더 중요한 거란 말이에요. 제 인생에 불행한 일이 생기지 않도록 미리 막아야죠.

• Give it back. 다시 돌려줘.

64

이제 와서 꽁무니를 빼다니

"모월 모일 모시에 어디 어디에서 만나 거사를 도모합시다. 우리가 새 시대를 열어야
하오."
그래 놓고 자기는 쏙 빠진다든가. (새 시대는 누가 여니?)
"아우, 걱정하지 마. 그까짓 이사, 내가 있는데 무슨 걱정이야? 나만 믿어."
그래 놓고 이삿날에 아이고 허리야, 내 허리 끊어지네! (너만 믿다가 이 꼴이다, 이 인간아!)
"결혼? 당연히 해야지. 우리 자기가 얼마나 기다려 줬는데. 이제 곧 날짜 잡자."
그래 놓고 사람을 슬슬 피해? (결혼은 혼자 하니? 내가 자웅동체냐?)

이처럼 함께 일을 도모하다가 마지막 순간에 꽁무니를 뺄 때, 혹은 내가 뭘 해
주겠다, 도와주겠다 후언장담했다가 슬그머니 꽁무니를 뺄 때 영어로는 이리 말하오.

weaseled out /
chickened out

weasel은 '족제비' 되시겠소. 따라서 weaseled out은 '족제비처럼 쏙 빠져나간다'는
뜻이오. chickened out은 '닭이 도망가듯 한다'는 뜻이오.

꽁무니를?

나 몰라라...

He chickened out.

EXAMPLES

❶ 그 사람 꽁무니 쏙 빼더라.
He weaseled out of it.

❷ 마지막 순간에 꽁무니를 빼더라니까.
She chickened out at the last moment.

DIALOGUE 1

WIFE You said you would help me with cooking for the party tomorrow. Remember?
HUSBAND Well, I guess I did, but I have to work late tomorrow.
WIFE You had better not weasel out of it if you don't want to die.
HUSBAND Gosh, I don't want to die, but I don't want to cook, either.

아내 내일 파티 음식 만드는 거 네가 도와주겠다고 했잖아. 기억나?
남편 글쎄, 그랬던 것 같긴 한데, 내일은 회사에서 늦게까지 일해야 하는데.
아내 죽고 싶지 않으면 꽁무니 빼지 않는 게 좋을 거야.
남편 에잇~ 죽고 싶지도 않지만, 그렇다고 요리하고 싶은 마음도 없다고.

• work late 회사에 늦게까지 남아서 일하다

DIALOGUE 2

JACK My girlfriend said she won't see me anymore.
BOB What's going on?
JACK I chickened out of getting married, and she's pissed.
BOB After nine years together? I'd kill you if I were her.

잭 내 여자 친구가 다시는 날 안 보겠대.
밥 왜 그러는데?
잭 결혼 얘기를 슬금슬금 피했더니 완전 열받았어.
밥 9년을 사귀어 놓고? 나 같았으면 넌 죽었어.

• ~ pissed, ~ pissed off 열받았다
  ex He's pissed (off). 그 사람 열받았어.
  I pissed her off. 그 사람, 나 때문에 열받았어.

• If I were ~ '내가 만약 ~이었다면' I was가 아니라는 걸 유념하시고, 이상하다 싶어도 그냥 쓰시오. 맞는 영어요.
  ex If I were you 내가 너였다면

65

지금 나랑 장난하냐?

재미 삼아, 장난 삼아 남을 놀리는 경우가 있소이다. 울지도 않으면서 우는
척하기, 밥을 사기로 하고 식당에서 지갑을 잃어버린 척하기, 시험에 붙어 놓고
떨어진 척하기, 근사한 생일 선물을 사 놓고도 아무것도 안 산 척하기 등등
놀리는 방법은 만들면 나오는 것 아니겠소?
언젠가 영어를 완벽하게 구사하시는 분이 소인의 남편과 처음 만난 자리에서
이런 장난을 친 적이 있소.
"Me no English."
남편은 그분이 알아듣도록 천천히 또박또박 괜찮다, 나도 한국말 못한다, 언어란
어려운 것이다, 가당찮은 위로의 말씀을 전하길래 소인이 말해 주었소이다.
"장난치시는 거야."

이걸 영어로 어떻게 말하겠소?

pulling one's leg

얘를 활용하면 되오. 그렇다고 <전설의 고향> '내 다리 내놔' 편은 아니니
무서워할 건 없소이다.

Are you pulling my leg?

내 다리 내놔!

EXAMPLES

① 나랑 장난하냐?
Are you pulling my leg?

② 농담하는 거야.
I'm pulling your leg.

DIALOGUE 1

AMY	I'm so excited about my birthday.
RON	Your birthday? When is it again?
AMY	What? You don't even remember my birthday?
RON	Of course I do. I'm just pulling your leg.

에이미	내 생일 너무 기대돼.
론	네 생일? 언제라고 했지?
에이미	뭐? 내 생일도 기억 못 한단 말이야?
론	당연히 기억하지. 그냥 농담하는 거야.

- When is it again? / What is it again? 그게 언제라고 했지? / 그게 뭐라고 했지?
  듣긴 들었는데 기억이 안 나거나 잘 못 들어서 다시 한번 물어볼 때 많이 쓰이오.

DIALOGUE 2

WENDY	My mom said her flight has been canceled. I was so excited to see her. I haven't seen her for years.
CATHY	What was her flight number and the date of the flight again?
WENDY	Here it is.
CATHY	I'm on the airport website now, and it says her flight is still on schedule. I think your mom is pulling your leg.

웬디	우리 엄마가 타고 오기로 했던 항공편이 취소됐대. 얼굴 본다고 되게 좋아했는데. 엄마 못 본 지 몇 년 됐거든.
캐시	항공편 번호랑 날짜가 어떻게 된다고 했지?
웬디	여기.
캐시	지금 공항 웹 사이트에 들어왔는데 원래대로 출발 예정이라는데. 너희 엄마가 장난치시는 것 같다.

- for years 몇 년 동안, 수년 동안
- It says ~ 간판이든 사용 설명서든 웹 사이트든 책이든 '~에 뭐라고 적혀 있다'는 거요.
- on schedule 계획대로, 예정대로

66

알 만한 사람이 왜 그래? / 잘 알면서 그러네

20여 년도 더 전의 일이오. 친구와 신림동에 갔을 때였는데 지하철역 앞에서 한 아저씨와 단속반인 듯한 청년 두 명이 손수레를 사이에 두고 언쟁을 벌이고 있더이다. 손수레에는 부꾸미 과자가 가득 실려 있었소.

"아저씨, 여기서 장사하시면 안 된다니까요. 가세요, 예?"

"그럼 나더러 뭘 먹고 살라는 거요?"

"그걸 저희가 어떻게 압니까? 그냥 좀 가세요."

그땐 그냥 그런가 보다, 별생각 없이 지나쳤소. 그런데 몇 시간 후, 아까 그 아저씨와 단속반 청년 두 명을 또 만났지 뭐요? 보아하니 허가도 받지 않고 길거리에 노점상을 부린 것이 화근이 되어 서로 쫓고 쫓기는 관계가 되었나 보더이다.

"아저씨, 그만합시다, 예? 안 된다고요. 거, 알 만한 분이 왜 이러세요?"

"알 만한 분이 왜 이러냐고? 살려고 이런다, 살려고. 어떻게든 살아보겠다고 이런다. 됐냐?"

그렇게 내지르던 소리는 결국 절규가 되고 눈물이 되어 길 가던 사람들의 발길을 붙잡았소. 단속이 뭔지, 사람 사는 일이란 게 뭔지. 지금쯤이면 아저씨는 환갑을 넘기셨겠구려. 마음 편히 장사하실 수 있는 가게 한 채 마련하셨길 진심으로 바라오.

알 만한 사람이, 잘 알면서, 이것을 영어로는 이렇게 표현하오.

You know better than that.

You know
better
than that.

알 만한 사람이 왜 그래?

DIALOGUE 1

MOM	Hey, did you open my drawer?
DAUGHTER	Oh, yeah. I borrowed your earrings.
MOM	Without asking me? That's not OK. You know better than that.
DAUGHTER	I thought it would be no problem.

엄마	얘, 너 엄마 서랍 열어 봤니?
딸	응. 엄마 귀걸이 좀 빌렸는데.
엄마	엄마한테 물어보지도 않고? 그건 안 되지. 잘 알면서 그런다.
딸	별문제 될 거 없다고 생각했는데.

DIALOGUE 2

CAR OWNER	Wait! What are you doing?
POLICEMAN	Is this your car? You just got a ticket.
CAR OWNER	Excuse me? It hasn't even been 30 minutes.
POLICEMAN	It doesn't matter. This is a "No Parking" area. You know better than that.

차주인	잠깐만요! 지금 뭐 하시는 겁니까?
경찰	선생님 차입니까? 방금 딱지 떼셨습니다.
차주인	뭐라고요? 겨우 30분도 안 됐는데요.
경찰	시간 하고 상관없이 여기는 '주차 금지' 구역입니다. 알 만한 분이 그러시네요.

• ticket (교통 법규 위반에 대한 벌금을 부과하는) 딱지

  ex I got a ticket. 나 딱지 뗐어.
  parking ticket 주차 딱지
  speeding ticket 과속 딱지

• Excuse me? '실례합니다'라고만 알고 있었다면 그 고정 관념을 깨부수시오. 말을 잘 못 알아들어서 "죄송하지만 뭐라고요?"라고 물을 때, 기가 막힌 말을 듣거나 상대방이 너무 무례한 말을 해서 "방금 뭐라고 했어요?"라고 할 때도 쓰이오.

67

내 복에 무슨~

어르신들께서 이런 말씀 하시는 걸 들어 본 적이 있을게요.
"내 복에 무슨."
처음엔 그저 '아, 저분은 복이 없는 분이구나.' 하고 넘겼는데, 복 없는 사람이
너무 많은 거요. 이 사람도 "내 복에 무슨." 저 사람도 "내 복에 무슨." 도대체
복 있는 사람들은 다 어딜 가고 사방팔방에 박복한 사람들만 넘쳐난단 말이오?
"서방 복 없는 x은 자식 복도 없다더니."
이 말이 제일 싫소. 쓸데없이 복을 세분화하고 그 상관관계까지 연구하여 이런
말을 만들어 내다니. 이런 식으로 자꾸 박복하다는 쪽으로 몰아가면 어쩌자는
거요, 대체? 지금이라도 늦지 않았소.
우리 모두 긍정적인 사고로 복을 불러들여 봅시다.

영어로 **복이 없다**는 표현은

Just my luck.

CHAPTER 4

아나~ 빡치네!!

EXAMPLES

1 운 나쁘게 과속 딱지 끊었어.
Just my luck. I got a speeding ticket.

2 최종 면접에 지각했어. 내 복이 그렇지 뭐.
Just my luck. I was late at the final interview.

DIALOGUE 1

WENDY Why did you come back this early? Didn't you enjoy your date?

CATHY Just my luck. My high heel broke, and I sprained my ankle.

WENDY Oh no. Let me see your ankle.

CATHY It will be fine in a few days.

웬디　왜 이렇게 일찍 들어왔어? 데이트 재미없었어?
캐시　복도 없지. 하이힐이 부러지는 바람에 발목을 삐었지, 뭐니.
웬디　저런. 어디 발목 좀 보자.
캐시　며칠 지나면 괜찮아질 거야.

- sprain (팔목·발목을) 삐다
  ex I sprained my wrist. 손목을 삐었어.

DIALOGUE 2

DAD Hello?

DAUGHTER Hi, Dad. I just called to say have fun in Hawaii with Mom. Enjoy your 30th anniversary.

DAD Thank you, but just my luck. We can't go. Your mom is sick.

DAUGHTER You're kidding me.

아빠　여보세요?
딸　안녕하셨어요, 아빠. 엄마랑 하와이 잘 다녀오시라고 전화했어요.
　　결혼 30주년 재밌게 보내세요.
아빠　고맙지만, 못 가게 생겼다. 너희 엄마가 아파. 내 복이 그렇지 뭐.
딸　말도 안 돼.

149

68

계속되는 문젯거리

누구에게나 이런 문젯거리 하나쯤은 있지 않나 싶소. 개선될 여지도 딱히 없고 그렇다고 피할 방법도 없어 계속 부딪치게 되는 일 말이오. 사사건건 간섭이 심한 시어머니와의 관계, 수술해도 소용없는 허리 디스크, 공부할 생각은 안 하면서 신경질만 부리는 사춘기 애물단지, 서로 이사 가기만을 바라며 계속되는 아파트 층간 소음, 동물을 좋아하는 사람들은 가슴 아프고 동물을 싫어하는 사람들은 머리 아픈 길냥이, 유기견 문제.

이처럼 계속 이어지는 문젯거리를 영어로는

ongoing thing /
ongoing problem /
ongoing issue

EXAMPLES

❶ 계속되는 문제야.
This is an ongoing thing.

❷ 쭉 있어 왔던 문젯거리야.
It has been an ongoing problem.

❸ 계속 거론됐던 사안이야.
It is an ongoing issue.

DIALOGUE 1

WENDY What was the phone call about? You sounded so frustrated.

CATHY It was my mom. She doesn't understand how I can live without getting married.

WENDY Haven't you explained enough to her?

CATHY It has been an ongoing issue between us, and she will never understand.

웬디   무슨 전화였어? 그렇게 짜증을 내고.
캐시   우리 엄마. 내가 독신으로 사는 걸 이해 못 하셔.
웬디   엄마한테 충분히 설명해 본 적은 있고?
캐시   내내 계속 부딪쳐 온 문제이기도 하고, 엄마는 앞으로도 절대 이해하려고
        안 할 거야.

• frustrated 짜증 난, 욕구 불만인
  ex I'm so frustrated. 진짜 짜증 난다.

DIALOGUE 2

JACK Are you OK with your wife?

BOB   We are not OK, but we're still together.

JACK What's the problem?

BOB   We just don't fit each other. And it's an ongoing thing.

잭   네 아내랑은 괜찮은 거야?
밥   안 괜찮아도 그냥 같이 사는 거지, 뭐.
잭   문제가 뭔데 그래?
밥   그냥 둘이 잘 안 맞아. 계속 그 문제로 그러는 거지, 뭐.

69

신경에 거슬려

소인이 어학원에서 영어 강사를 하던 시절에 있었던 일이오.

늘 그렇듯, 그날도 원장님의 아내 되시는 분이 간식을 잔뜩 챙겨 들고 오셨는데,
가만 보아하니 한쪽 콧구멍에서 코털이 삐져나와 있는 거요. 그것도 꽤 억세
보이는 코털이 두 가닥씩이나. 간식을 먹는 내내 신경이 쓰였으나 그냥 그런가
보다 잘 넘겼소. '나중에 거울 보시면 알아서 다듬으시겠지.' 그런데 그다음
날도, 또 다음 날도, 그놈의 코털 두 가닥이 버젓이 그 자리에 있는 것이
아니겠소? 그처럼 굵고 억센 코털을 못 보셨을 리도 없고 말이오. 여간 신경에
거슬리는 게 아닙디다. 더 기막힌 것은, 가까이에서 찬찬히 들여다본 결과,
두 가닥의 코털이 매듭으로 엮여 있더란 거요. 더는 참을 수 없어 소인이
말을 꺼냈는데……

"아~ 이거 코털 아니야. 나, 코 수술했거든. 이거 실밥 매듭이야.
야매로 했더니 마무리가 좀 엉성하네."

때는 바야흐로 1990년대 말, 성형 수술이 지금처럼 보편화되기 전의
사건이었다오.

신경에 거슬린다는 것을 영어로는 이리 말하오.

get on one's nerves

She's getting on
my nerves.

거슬려.

❶ 너, 신경에 되게 거슬린다.
You're getting on my nerves.

❷ 저 노래, 진짜 신경에 거슬린다.
That music is getting on my nerves.

AMY   Gosh! That noise! It drives me crazy.

RON   I know. What is it?

AMY   It sounds like some kind of machine.

RON   Whatever it is, it really gets on my nerves.

에이미   아우! 저 소리! 사람 환장하겠네.

론   그러니까. 도대체 무슨 소리래?

에이미   무슨 기계에서 나는 소리 같은데.

론   무슨 소리든 간에 진짜 신경 거슬리네.

- drive ~ crazy ~를 미치게 하다
  ex You drive me crazy. 내가 너 때문에 미치겠어.

WIFE   Why don't you take the kids out and play with them?
Or, you can help me with the chores.

HUSBAND I just want to rest a little bit. I worked all week.

WIFE   I worked all week, too. Do you think I don't want to rest?

HUSBAND You need to stop nagging me. You're getting on my
nerves.

아내   애들 데리고 밖에 나가서 좀 놀지 그래? 아니면 집안일이라도 도와주던가.

남편   그냥 좀 쉬고 싶어. 일주일 내내 일했잖아.

아내   나도 일주일 내내 일했어. 나는 뭐 안 쉬고 싶은 줄 알아?

남편   잔소리 좀 그만해. 신경 거슬리니까.

- chores 하기는 싫지만 해야 하는 일, 대개는 '집안일'을 말하오.

70

산 넘어 산

소인이 어렸을 때 빠트리지 않고 읽던 월간 만화집에 이런 이야기가 있었소.
러시아 원정에 나선 나폴레옹이 병사들에게 이렇게 말하오.
"자, 이 산만 넘으믄 러시아여."
산을 넘자 나폴레옹이 다시 이런 말을 하오.
"오메, 이 산이 아닌가벼."
이 말에 병사들의 1/4이 열받아 죽소. 그러거나 말거나 나폴레옹은 나머지
병사들을 이끌고 다음 산을 넘소.
"오메, 이 산도 아닌가벼."
병사들의 1/4이 또 열받아 죽고 마오. 이렇게 계속 이 산이 아닌가벼가 반복되고
러시아에 당도하기도 전에 병사들 모두가 열받아 죽고 마는 사태가 벌어진
것이지요. 러시아 원정이 실패로 돌아간 이유였다 하오.
웃자고 꺼낸 얘기였소만, 살면서 이렇게 산 넘어 산인 경우가 어디 한둘이겠소?
간신히 문제 하나를 해결해 놓으면 또 다른 문제가 떡하니 나타나고,
또 나타나고. 정말 징글징글하오.

산 넘어 산을 영어로는 이리 말하오.

One thing after the other. / One thing after another.

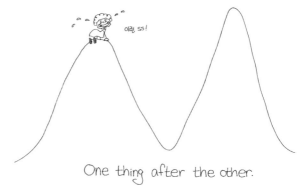

One thing after the other.

DIALOGUE 1

WENDY Great! I just paid off my student loan, and now my car broke down.

CATHY Are you going to fix it, or buy a new one?

WENDY My car is 15 years old. There's no point fixing it.

CATHY Gosh! One thing after the other.

웬디 진짜 끝내준다! 겨우 학자금 대출 다 갚았더니, 이제는 차가 고장 나네.
캐시 고칠 거야, 아니면 새 차 뽑을 거야?
웬디 15년 된 차를 고쳐 봤자지, 뭐.
캐시 세상에! 산 넘어 산이구나.

- Great! '잘됐다, 좋다'는 뜻인데 반어법으로도 많이 쓰이오. 우리도 일이 꼬여서 열받으면 반어법으로 '끝내준다, 너무 잘됐다, 고마워 죽겠다' 뭐 이런 말들을 하잖소? 똑같은 거요.

- There's no point ~ ~해 봤자 의미가 없다, 소용이 없다
  ex There's no point being together. 같이 있어 봤자 의미가 없어.
  There's no point fixing up this old house. 이 낡은 집을 고쳐 봤자야.

DIALOGUE 2

JACK This cannot be true.

BOB What happened?

JACK You know I just got a new job and I thought now we can build up our savings to buy a house. But guess what? My wife just lost her job. One thing after another.

BOB I'm sorry, man.

잭 사실이 아닐 거야.
밥 무슨 일인데 그래?
잭 내가 이제 막 새 직장 얻었잖냐. 이제 돈 좀 모아서 집 한 채 장만해 볼까 했거든. 그런데 있지, 아내가 해고됐대. 산 넘어 산이다.
밥 속상하겠다, 야.

- build up ~ ~를 모으다[쌓다]
  ex You need to build up your muscles before the competition. 대회 전에 근육 좀 키워야겠어.

- savings 저축, 저금

71

넌 꼭 닥쳐서 일하더라?

꼭 이런 사람들이 있소. 오늘 내로 끝내야 할 일이 있다더니 온종일 딴짓하다가 저녁 먹고 나서야 발등에 불 떨어진 것처럼 허둥대는 사람, 숙제가 많다고 투덜대면서도 밤 열 시나 되어서야 책을 펴는 사람, 아직 한 달의 여유가 있으니 시간은 충분하다며 빈둥대다가 하루 앞두고 똥줄 태우는 사람. 이런 사람들의 특징은 매번 닥쳐서 일을 마치느라 진땀깨나 흘리면서도 다음에 또 같은 길을 간다는 거외다. 아무래도 타고난 성격이 그런 게 아닌가 하오. 뭐, 본인들이야 느긋하니 마음 편한가 보오만 소인 같은 사람들이 보기엔 속이 터지고 애가 타오. 우리 남편도 어딜 갈 때 꾸물거리는 타입이라 소인이 목청 다듬을 일이 허다하오. 하다못해 영화를 보러 가도 소인은 상영 시간 20분 전에는 자리에 앉아 있어야 마음이 편하기늘 남편은 본 영화가 막 시작할 때쯤 어둠 속에서 몸을 직각으로 접고 스크린에 제 그림자를 아로새기는 게 취미지요. 그렇게 스크린에 나오고 싶으면 영화배우를 하든가.

닥쳐서 뭘 하는 사람을 영어로는

a last-minute person

She's a last-minute person.

EXAMPLES

❶ 그 사람은 일을 닥쳐서 하더라고.
He's a last-minute person.

❷ 넌 어쩜 그렇게 뭐든 닥쳐서 하니.
You're such a last-minute person.

DIALOGUE 1

AMY	We've got to go now. Get in the car.
RON	Give me 10 minutes. I have to take a shower.
AMY	What? What have you been doing all morning? Why do you have to be a last-minute person all the time?
RON	Well, it's just 10 minutes. It's not a big deal.

에이미	이제 출발해야 해. 차에 타.
론	10분만. 샤워해야 하거든.
에이미	뭐? 아침 내내 뭐 하고? 왜 맨날 닥쳐서 하느라고 이 난리야?
론	딱 10분이면 되는데, 뭐. 그게 뭐 그리 큰일이라고.

- Get in the car. 차에 타.

DIALOGUE 2

MOM	It's time to go to school. Did you get your homework?
SON	Yeah, I'm doing it right now.
MOM	What? Are you doing it right now? Right before school? You're such a last-minute person. I need to talk to you about that later today.
SON	A last-minute person is still better than someone who doesn't do it at all.

엄마	학교 갈 시간이다. 숙제는 챙겼니?
아들	네, 지금 하고 있어요.
엄마	뭐? 지금 하고 있다고? 학교 가기 직전에? 넌 어쩜 그렇게 뭐든 닥쳐서 하니. 오늘 이따가 엄마랑 얘기 좀 하자.
아들	닥쳐서라도 하는 게 아예 안 하는 거보다 낫죠.

- I need to talk to you. / We need to talk. 나랑 얘기 좀 해. / 우리 얘기 좀 해.
  남편들은 아내들이 이 말을 할 때가 제일 무섭고 싫다더라다. ㅋㅋ

- later ~ 이따가, ~ 중으로
  ex later today 이따가 오늘 늦게 즈음
  later this month 이달 말경에

72

시비 좀 걸지 마

애들을 키우다 보면 말이오, 그것도 연년생 애들, 게다가 남자아이가
있는 경우, 집안이 조용할 날이 없다오. 우리 집만 해도 남동생이라는
것이 제 누나에게 시도 때도 없이 깐족깐족 시비를 거는데, 참다 참다
아들놈 잡는 게 소인의 일이라오. 어쩜 그렇게 하루가 멀다하고
제 피붙이를 못 괴롭혀서 야단인지. 뻔히 혼날 줄 알면서도 시비 걸기
무한 반복. 옆에서 보던 남편이 자기는 어렸을 때 그처럼 훌륭한
오빠였거늘 쟨 어찌 저러냐고 하더이다.
"훌륭한 오빠 같은 소리 하고 있네. 내가 들은 게 있는데.
말도 안 되는 거로 매일 시비 걸고, 동생이 누워 있으면 얼굴에
앉아서 방귀 뀌고 달아나고."
"그, 그런 적 없어. 나, 나는 아, 아주 좋은 오빠였어."
말이나 더듬지 말든가.

시비 거는 것을 영어로는

pick on ~

Stop picking on me.

EXAMPLES

❶ 쟤가 자꾸 시비 걸어요.
He keeps picking on me.

❷ 시비 좀 그만 걸어.
Stop picking on me.

DIALOGUE 1

DAUGHTER Mom, Jay keeps picking on me. Can you stop him?
SON No, I'm not. She's picking on me.
DAUGHTER Don't lie. I never pick on you.
MOM Both of you stop!

딸 엄마, 제이가 자꾸 시비 걸어. 좀 말려 줘.
아들 내가 아니라, 누나가 시비 거는 거야.
딸 거짓말하지 마. 내가 언제 시비 걸었다고.
엄마 둘 다 그만해!

- stop ~ (어떤 일이나 행동을) 막다
 ex Don't stop me. 나 말리지 마.

DIALOGUE 2

WENDY I don't want to go to work. My boss picks on me all the time.
CATHY Why would he do that? Did you do something wrong?
WENDY No. He seems to have fun picking on me.
CATHY He sounds so immature.

웬디 일 나가기 싫어. 상사가 늘 시비를 걸어서 말이야.
캐시 왜 그런대? 네가 뭘 잘못했어?
웬디 아니야. 그냥 나한테 시비 거는 게 재밌는 눈치야.
캐시 엄청 덜된 사람인가 보네.

- immature '미숙하고 유치한'이란 뜻인데 대개 [아마추어]라고 잘못 발음하고 있는 바로 그 단어요. 제대로 된 발음은 [이머추얼]이오. 반대말은 mature[머추얼]로 '성숙하고 어른스럽다'는 뜻이오.
 ex He's so immature. 그 사람은 너무 유치해[덜됐어].
 She's so mature. 그 사람은 참 어른스러워.

159

73

안 봐줄 테니 각오해라

옛날 순정 만화에 보면 죽마고우 두 명이 공교롭게도 결승전에서 승패를 가리는
장면이 종종 나오오. 키 크고 잘생긴 총각 두 명이 강렬한 눈빛으로 서로를
바라보며 선의의 경쟁을 다짐하오.
"친구라고 봐주지 않을 테니 각오해라."
"너야말로 각오하는 게 좋을걸. 절대 봐주지 않을 테다. 훗!"
이 와중에 또 두 사람이 동시에 좋아하는 여자가 관중석에 앉아 가슴을 졸이고
있는 것이지요. 도대체 누구를 응원해야 할지 모르겠다는 표정으로.
이때 두 남자가 여자를 바라보며 승리를 다짐하오.
'두고 봐. 반드시 너에게 우승을 바치겠어.'
오~ 돈아라, 닭살이여! 소인이 한 마리의 닭으로 화하더라도 놀라지들 마시오.
잡아먹으려고 달려들지도 마시오. 그럼 정말로 안 봐줄 거요.

안 봐줄 테니 각오해라, 내가 그렇게 호락호락하진 않을 거다를 영어로는

won't go easy on ~

I won't go easy on you.

각오해써.

❶ 안 봐줄 거야.
I won't go easy on you.

❷ 살살할게. / 봐주면서 할게.
I'll go easy on you.

JACK	Do you want to play chess with me?
BOB	You don't know who you're challenging. You can't beat me.
JACK	You never know. Let's just play.
BOB	All right. I won't go easy on you.

잭	체스 한 판 둘까?
밥	내가 누군지도 모르고 덤비는군. 넌 날 못 이겨.
잭	그건 모르지. 일단 붙자.
밥	좋아. 안 봐줄 테니 각오하는 게 좋을 거야.

- beat '이기다, 때리다'라는 두 가지의 뜻이 있으니 잘 구분해서 쓰시오.
  ex I'll beat you. 내가 이길 거야.
  I'll beat you up. 널 두들겨 패 주겠어.

- You never know. 그건 모르지, 장담할 게 못 되지.

WENDY	Sara beat me in the 200m again.
CATHY	She's the fastest swimmer on our team. What did you expect?
WENDY	I'll beat her next time.
CATHY	She won't go easy on you.

웬디	200m에서 새라한테 또 졌어.
캐시	걘 우리 수영 팀에서 제일 빠른 앤데. 대체 뭘 기대한 거니?
웬디	다음번엔 꼭 이길 거야.
캐시	걔가 그렇게 호락호락하진 않을걸.

74

[전화 통화 중]
목소리가 자꾸 끊길 때

이럴 때가 종종 있소. 신나게 얘기하고 났더니
"중간에 자꾸 뚝뚝 끊겨서 잘 못 들었어. 뭐라고?"
정말 기운이 쭉 빠지오. 미국에 살다 보니 한국에 있는 식구들과 깨톡으로
통화를 하는데, 와이파이 연결 상태 때문인지 이런 현상이 가끔 일어나더이다.
남편이 해외 출장을 갔을 때는 더욱 가관이오. 둘이서 항상 영상 통화를 하는데
흰 눈자위를 번득이며 인중을 길게 늘이고 있는 채로 화면이 얼어붙어 보시오.
남편의 그런 꼴을 보는 것은 매우 즐거우나 남편이 나의 그런 꼴을 보는 것은
용납할 수가 없소. 화면이 얼지 않는 세상, 영상 통화에도 뽀샵 기능이 첨부된
세상은 정녕 오지 않는 것이오? 아마도 오고 있겠지요. 앞으로 몇 년이면 4D
통화가 가능해져서 입 냄새, 방귀 냄새까지 고스란히 전달될지도 모를 일이오.
신기술 개발, 그 끝은 어디인가?

전화 통화 중에 **목소리가 자꾸 뚝뚝 끊기는 것**을 영어로는

breaking up

❶ 네 목소리가 자꾸 끊겨.
You're breaking up.

❷ 내 목소리 들려? 자꾸 끊기니?
Can you hear me? Am I breaking up?

DAUGHTER Mom? You keep breaking up. What did you say?
MOM I said your brother is coming home this weekend.
DAUGHTER Who's coming?
MOM Honey, I don't think we have a good connection.
I'll call you back.

딸 엄마? 목소리가 자꾸 끊어져요. 뭐라고 하셨어요?
엄마 이번 주말에 너희 오빠가 집에 내려온다고.
딸 누가 온다고요?
엄마 얘, 아무래도 전화 연결 상태가 안 좋은가 보다. 내가 다시 전화하마.

• have a good connection (전화) 연결 상태가 좋다
  ↔ have a bad connection (전화) 연결 상태가 나쁘다

JACK Hey, can you check if I left my house key there?
BOB You're breaking up. What do you want me to check?
JACK My house key.
BOB Oh, OK. Just a sec.

잭 야, 내가 거기다 집 열쇠 두고 왔는지 좀 봐 줄래?
밥 목소리가 자꾸 끊겨. 뭘 봐 달라고?
잭 집 열쇠.
밥 어, 알았어. 잠깐만.

• **Just a sec.** Just a second.의 준말로 '잠깐만'이란 뜻이오.

75

무리한 부탁

소인이 살아오면서 받았던 무리한 부탁 중 두 가지만 엄선해서 소개해 드리오.

"정말 중요한 시험이어서 그러는데 이 영어 원서 80장 정도만 번역해 줄래?"
전혀 친한 사이도 아니면서 이런 부탁을 하다니, 용감한 건지, 무례한 건지.
80장 정도만이라니. 이게 벌써 몇십 년 전 일인데, 아직도 기가 막히오.

오직 같은 한국 사람이란 이유로 전화번호를 교환했던 한 아줌마가 그다음 날
전화해서는
"우리 집에 거북이가 한 마리 있는데, 어우~ 손 많이 가고 냄새나고 귀찮아서
못 키우겠어요. 와서 기져가요."
너무 독특하고 신선한 캐릭터여서 혹시 꿈이 아닌가, 허벅지를 꼬집어 보았다오.

이렇게 무리한 부탁을 영어로는

asking too much

아무래도 금메달은 거북이 아줌마 목에 걸어 드려야 마땅할 것 같지 않소이까?

성형외과

That's asking too much.

많은 거 안 바라고
수지처럼만.

164

EXAMPLES

① 너무 무리한 부탁이야.

That's asking too much.

② 너무 무리한 부탁이라고 생각하지 않아?

Don't you think that's asking too much?

DIALOGUE 1

SON Dad, can you buy me a car? I really need one.

DAD No. Do you know how much a car costs?

SON It doesn't have to be an expensive one. I just need a car.

DAD My answer is still no. You're asking too much, son.

아들 아빠, 저 차 사 주시면 안 돼요? 진짜 필요해서 그래요.

아빠 안 돼. 차가 돈이 얼만데?

아들 비싼 차 아니어도 돼요. 그냥 차면 다 되는데.

아빠 그래도 안 돼. 그건 너무 지나친 부탁이다, 얘야.

DIALOGUE 2

WENDY Hey, can you translate this French textbook for me, please? Just five chapters.

CATHY Five chapters? It will take me forever.

WENDY I know it's asking too much, but you're good at French.

CATHY I'm sorry, but I have stuff to do.

웬디 얘, 이 프랑스 교과서 좀 번역해 줄래? 딱 다섯 과만.

캐시 다섯 과? 그게 시간이 얼마나 오래 걸리는데.

웬디 무리한 부탁이라는 건 아는데, 넌 프랑스어를 잘하잖아.

캐시 미안하지만, 나도 할 일이 있어.

- take forever 한참 걸리다
  ex It takes forever. 되게 오래 걸려.

- stuff ① 물건 ② 일, 작업 ③ 채우다 ④ 배부르다
  ex I don't like this stuff. 나, 이거 싫어.
  She needs to do some stuff. 걔, 해야 할 일이 있어.
  stuffed animals 봉제 동물 인형
  I'm stuffed. 배불러.

76

참을 만큼 참았어

참을 만큼 참다가 폭발하는 것을 한 글자로? 욕
참을 만큼 참다가 폭발하는 것을 두 글자로? 아놔~
참을 만큼 참다가 폭발하는 것을 세 글자로? 빡치네!
참을 만큼 참다가 폭발하는 것을 네 글자로? 다들 나와.
참을 만큼 참다가 폭발하는 것을 다섯 글자로? 나 없다고 해.
참을 만큼 참다가 폭발하는 것을 여섯 글자로? 이제 다 죽었어.

참을 만큼 참다가 폭발하는 것을 영어로?

~ have had it /
~ have had enough

감정을 너무 자제하고 지나치게 참는 행위는 당사자에게도
주위 사람들에게도 오히려 재난이 될 수 있소. 그러다가 한번 터지면
피를 보기 때문이지요. 조금씩 나누어서 방출합시다.

I have had it!

EXAMPLES

① 참을 만큼 참았어.
I have had it.
I have had enough.

② 너라는 인간을 더 이상 참을 수가 없어.
I have had it with you.

DIALOGUE 1

RON What's the problem?
AMY You're the problem. I've had it with you.
RON What did I do? Why do you have to be mad at me all the time?
AMY Oh, so I'm the crazy one, huh? You know what? I'm done with you.

론 도대체 뭐가 문제야?
에이미 네가 문제야, 네가. 더 이상 참을 수가 없어.
론 내가 뭘 어쨌다고? 왜 그렇게 맨날 나한테 화만 내는 건데?
에이미 아, 그러니까 나만 미친*이네, 그치? 이거 아니? 너랑은 이제 끝이야.

- I'm done with you. 너랑은 끝이야.

DIALOGUE 2

JACK What happened?
BOB It's my phone again.
JACK I think your phone has had it.
BOB I think so, too. It's done.

잭 무슨 일이야?
밥 또 내 전화기지, 뭐.
잭 아무래도 네 전화기 쓸 만큼 쓴 것 같다.
밥 내 생각도 그래. 제 수명 다했지 싶다.

77

삐딱한 태도 / 불손한 태도

낳실제 괴로움 다 잊으시고 기르실제 밤낮으로 애썼더니만 자기 혼자 큰 줄
알고 애미한테 가자미눈을 뜨고 씩씩거리질 않나,
어디냐고 물어보길래 항상 양화대교라고 말해 주고 택시 드라버 해서 번 돈으로
대학 보내 놨더니 아빠가 뭘 아느냐며 대들질 않나,
참되거라 바르거라 가르쳐 놨더니 삐딱한 시선으로 사회의 어두운 곳만
들여다보며 남 손가락질하느라 제 앞가림도 제대로 못 하질 않나,
내 이노무시키들을(욕이 아니라 러시아어요, 러시아어) 가만두지 않겠~어.
감히 어디서 불손하고 삐딱한 태도로 말이지.

태도가 삐딱하다, 말투가 버르장머리 없다는 것을 영어로는

attitude

실망스러워도 어쩔 수 없소. 이게 다요.

168

EXAMPLES

❶ 걘 말투가 좀 그렇더라.
She has an attitude.

❷ 불손하게 굴지 마. / 삐딱하게 굴지 마.
You need to drop your attitude.

DIALOGUE 1

MOM It's too late to go out. I'm sorry, but you're not going.
DAUGHTER Mom, you need to stop telling me what not to do.
I'm sick of it.
MOM What? You better drop your attitude, or you're going to get it.
DAUGHTER I'm not a kid anymore.

엄마 밖에 나가기에는 너무 늦은 시간이야. 미안하지만, 허락해 줄 수가 없어.
딸 엄마, 나한테 이거 하지 마라, 저거 하지 마라, 좀 그만해요. 지겨워 죽겠어.
엄마 뭐? 너 그 태도 당장 고치지 않으면, 진짜 혼날 줄 알아.
딸 저도 이제 어린애가 아니라고요.

- I'm sick of it. 지긋지긋해.
- drop ~ attitude 태도, 말투를 고치다

DIALOGUE 2

JACK I can't stand Tom.
BOB Why is that?
JACK He has an attitude and it's really uncomfortable talking with him.
BOB I know what you mean.

잭 난 톰하고는 같이 못 있겠더라.
밥 왜?
잭 사람이 삐딱해서 말을 섞기가 좀 불편해.
밥 무슨 말인지 내가 잘 알지.

78

작작 좀 해

[작작 해 두어야 할 것들]

● 잔소리
여러 번 반복해서 말할수록 효과가 좋아질 거라는 착각. 오히려
부작용만 심각해짐. 그걸 알면서도 쉽게 끊을 수 없는 중독성이 있음.

● 말장난
한두 번 하고 말면 재치 있는 사람. 말끝마다 해대면 진상. 남은 듣기
싫어 죽겠는데 자기 혼자 좋아 죽음.

● 빈정거림
무슨 말을 하든 내가 비비 꼬아 주마. 짚신 삼는 마음으로, 새끼줄 꼬는
마음으로 깐족깐족. 그러다 골로 가는 수가 있음.

● 불평불만
그렇게 마음에 안 들면 직접 가서 말하든가. 왜 상관도 없는 나한테
와서 주저리주저리. 그러면 나는 또 다른 사람한테 가서 이 사람 욕을
주저리주저리. 전염병이 따로 없음.

● 조르기
목을 졸라서도 안 되지만 자꾸 뭘 사 달라고 엄마를 졸라서도 안 됨.
뒤통수 맞을 확률이 자꾸 높아짐. 경을 치기 전에 작작들 합시다!
하나뿐인 목숨, 소중히 소중히!

작작 좀 하라는 것을 영어로는

Knock it off.

Buy me this.
Buy me that.
Buy me everything.

Knock it off.

작작 좀 해!

DIALOGUE 1

SON Mom, can you buy me that game? Please? All my friends have it.

MOM I already said no. You have so many other games at home. No more.

SON I have to have it, Mom. Please! I really need it.

MOM Knock it off.

아들 엄마, 저 게임 사 주면 안 돼? 제발~ 내 친구들은 전부 다 있단 말이야.
엄마 안 된다고 했다. 게임이 집에 그렇게 많으면서. 더 이상은 안 돼.
아들 엄마, 저게 꼭 있어야 한단 말이야. 제발! 정말 필요하다고.
엄마 작작 좀 해라.

DIALOGUE 2

MOM Gosh, look at your room. What a mess! You need to clean up.

DAUGHTER I'll do it later.

MOM Why not now? You always say later, but I know what that means. It means never. Just clean it now.

DAUGHTER Mom, you need to knock it off.

엄마 세상에, 이 방 좀 봐라. 이렇게 지저분할 수가! 청소 좀 해라.
딸 나중에 할게요.
엄마 지금 하지 왜? 너는 맨날 나중에 한다고 하는데, 그게 무슨 뜻인지 내가 모를까 봐. 절대 안 하겠다는 거잖아. 지금 청소해.
딸 엄마, 제발 그만 좀 해요.

- Why not ~? ~는 왜 안 되는데?
  ex Why not me? 나는 왜 안 되는데?

79

네 일이나 신경 써

자기 일이나 제대로 할 것이지, 그렇지도 못하면서 남의 일에 쓸데없이 관심을
보이는 사람들이 있소이다. 걱정해 주는 것도 같으면서, 일 돌아가는 추이를
재미있어하는 것도 같으면서, 아무튼 정신 사납소. 미국에 살면서 좋은 것
하나가 사람들이 남의 일에 관해 묻지도 따지지도 않는다는 것이오.
내 일이 아니다 싶으면 절대 찔러 보지 않는다는 거요. 냉정하다, 정 없다,
생각하실 수도 있겠지만 인간관계 유지하는 데 은근 도움이 많이 되더란
말입니다. 서로 언짢거나 피차 정신적으로 피곤할 일이 없으니 말이요.
그저 내 일이나 잘하면 그만이오.

네 일이나 신경 쓰라는 것을 영어로는

Mind your own business. / It's none of your business.

Mind your own business.

차였냐?

DIALOGUE 1

AMY	Are you going to break up with your girlfriend?
RON	What do you care?
AMY	Well, not that I care. I'm just wondering.
RON	It's none of your business.

에이미   너, 여자 친구랑 헤어질 거니?
론   뭔 상관이야?
에이미   아니, 상관이 있어서가 아니라, 그냥 궁금해서 그러지.
론   네가 상관할 일이 아니야.

- care 상관하다, 관심을 가지다

DIALOGUE 2

JACK	I think it's past time to remodel your house.
BOB	I know. It needs a touch up.
JACK	It needs more than that. It looks horrible.
BOB	Hey, I got it. Mind your own business.

잭   너희 집 리모델링할 때가 지난 것 같다.
밥   알아. 손 좀 봐야지.
잭   손 좀 봐서 될 일이 아닌데. 집 꼴이 말이 아니야.
밥   야, 알았으니까 네 일이나 신경 써.

- It's past time to ~ ~할 때가 지났다
- a touch up 살짝 손보는 것
- I got it. 알았어. / 이해했어. / 내가 할게.

80

팔자 한번 세다 / 팔자 한번 좋다

'드센 팔자 경연 대회', 그 화려한 막을 올립니다!

● 참가 번호 1번: 성냥팔이 소녀

성냥을 다 팔지 못하면 아버지에게 혼나기 때문에 집에 돌아가지도 못하고 그 추운 겨울 거리에서 앵벌이를 하다가 동사하였소.

● 참가 번호 2번: 인어공주

상체는 인간, 하체는 물고기로 태어나 인간과 참된 사랑을 꿈꿨던 비련의 반인반어! 사랑하는 이를 위해 목소리도 잃고, 목숨도 잃고, 급기야는 물거품이 되어 버렸소.

● 참가 번호 3번: 장화와 홍련 (한국 대표 되시겠소.)

계모의 흉계로 못에 빠져 죽은 장화와 홍련 자매! 억울함을 호소하고자 사또를 찾아가지만, 말도 꺼내기 전에 모두 비명횡사하느라 바쁘오. 그렇게 머리라도 좀 단정하게 묶고 갔으면 좋았으련만.

이번엔 '늘어진 팔자 경연 대회', 그 화려한 막을 올립니다!

● 참가 번호 1번: 백설 공주

인복이 많아 착한 사냥꾼을 만나질 않나, 돈 한 푼 안 내고 남의 집에서 살질 않나,

집안일 해 주는 도우미를 일곱 명씩이나 거느리질 않나, 나중엔 왕가에 시집까지

가오.

● 참가 번호 2번: 잠자는 숲속의 공주

수발 다 들어 주는 요정들이랑 재미나게 살다가 한번 잠이 들더니 늘어져라 잠만

자오. 숙면을 했으니 피부가 얼마나 우윳빛깔이겠소이까? 이도 안 닦고 자고

있는데 왕자가 와서 키스하더니 그 통에 발딱 일어나서 시집을 갔소.

● 참가 번호 3번: 혹부리 영감 (이분도 한국 대표 되시겠소.)

세상에 돈 한 푼 안 들이고, 그 큰 성형수술을 공짜로 받질 않나, 로또 당첨되듯

금은보화까지 터져 주니 그야말로 대박 팔자!

이렇게 **팔자가 좋은 것도 나쁜 것도** 영어로는 모두

What a life!

WENDY A young handsome millionaire proposed to my friend, Hanna.

CATHY Hanna? Isn't she the tall pretty one who was at your birthday party?

WENDY Yes. That's her.

CATHY What a life! She has everything.

웬디　내 친구 해나가 젊고 잘생긴 백만장자한테 청혼을 받았단다.
캐시　해나? 네 생일 파티에 왔던 그 키 크고 예쁜 애?
웬디　응. 걔야.
캐시　팔자 한번 죽인다! 다 가졌네, 다 가졌어.

JACK When is your mom's surgery?

BOB Tomorrow. It's amazing how nothing works out for her.

JACK She'll be all right.

BOB She lost her parents when she was young. She had the worst husband ever. And now she's sick. **What a life!**

잭　어머니 언제 수술받으시냐?
밥　내일. 우리 엄마는 어쩜 되는 일이 그렇게도 없는지 아주 기가 막힌다.
잭　괜찮으실 거야.
밥　어려서 부모 잃고, 세상에서 제일 개차반 같은 남편 만나서 살더니 이젠 아프기까지. 팔자 한번 세다!

• work out ~ 일이 잘 돌아간다, 잘 풀린다
　ex Everything worked out for me. 일이 전부 다 잘 풀렸어.

• the best[worst] ~ ever 세상에서 제일 ~한
　ex She is the best daughter ever. 세상에서 제일 좋은 딸이야.
　　　 He has the worst teacher ever. 걔, 최악의 선생님 반에 걸렸잖아.

내 몸은
내가 챙긴다!

81

술을 좀 줄여야겠어 / 탄수화물 섭취를 좀 줄여야겠어

뭔가를 과하게 섭취하다 보면 어느 순간, 해도 해도 너무하다, 이젠 좀 자제해야겠다, 싶어지지 않소? 특히나 건강에 이상이 생겼을 때는 심장이 덜컥 내려앉소. 뭐니 뭐니 해도 공공의 적은 역시 술과 탄수화물! 적이라는 걸 알긴 아는데, 적을 사랑하라는 성경 말씀을 받들어 감히 사랑하지 않을 수가 없소. 그리고 또 술, 탄수화물 얘네들이 생기기도 사랑스럽게 생겼소. 그러니 별수 있소? 그저 끝없이 사랑할 수밖에. 참, 자~알 하는 짓이오.

이렇게 뭔가를 줄여야겠다는 표현을 영어로는 어찌하겠소?

cut back on ~

말 그대로 '뭔가를 삭감하다, 줄인다'는 뜻이오. 하여 술, 담배, 당분, 카페인, 심지어는 생활비나 용돈까지도 일단 줄인다고 할 때 요 표현을 가져다 쓰면 그만이오.

She needs to cut back on alcohol.

파이어~어 불타오르네~

EXAMPLES

❶ 술을 좀 줄여야겠어.
I need to cut back on alcohol.

❷ 카페인을 좀 줄여야겠어.
I should cut back on caffeine.

❸ 탄수화물 섭취를 좀 줄여야겠어.
I better cut back on carbs.

- **carbs** carbohydrate(탄수화물)를 줄여서 carbs[카알~브즈]라 하오.

DIALOGUE 1

JACK	I'm going to cut back on smoking.
BOB	Yeah, right.
JACK	I mean it this time.
BOB	Well, good luck.

잭	담배를 좀 줄이려고.
밥	잘도 그러겠다.
잭	이번엔 진짜라니까.
밥	뭐, 잘 해 봐.

- **Yeah, right.** 굉장히 긍정적으로 들리시겠지만, 사실은 비꼴 때 쓰는 표현이오. '네가 참도 그러겠다, 잘도 그러겠다' 하는 뜻이지요. 그러니 높낮이 없이 재수없는 톤으로 "야, 롸잇."

- **I mean it.** 진짜야. / 진심이야.

DIALOGUE 2

HUSBAND	We need to cut back on our budget.
WIFE	Why all of a sudden?
HUSBAND	I got a pay cut.
WIFE	Are you kidding me? This is ridiculous.

남편	우리 생활비를 좀 줄여야겠어.
아내	갑자기 왜?
남편	월급이 깎였거든.
아내	지금 농담해? 말도 안 돼.

- **budget** 국가나 회사의 '재정, 예산안'에서부터 한 가정의 '생활비', 개인의 '용돈'까지 아우르는 단어요.

- **ridiculous** 말도 안 되는, 터무니없는

82

이가 시큰거려 / 욱신거려

치아 건강이 인간이 누릴 수 있는 오복 중 하나라는 말을 처음 들었을 때는 마구 비웃었소. 세상에 누리고 싶은 복이 을매나 많은데 기껏 이 튼튼한 것이 오복 중 하나란 말인가 싶어서 말이지요. 한데, 언젠가 치통을 한 번 앓고 난 후로 생각이 싹 바뀝디다. 어금니 하나가 욱신거리는데 정말 살고 싶지 않더라, 이 말이요. 딴생각을 할 수도, 일을 할 수도, 타인의 기분을 배려할 여유도 없더란 말이지요. 아~ 정말로 왕짜증면 곱빼기를 시켜 먹는 기분이었소이다. 옛말 그른 거 하나 없다더니, 치아 건강이 오복 중 하나라면 하나인 게지요. 감히 어디다 대고 말대답을 하겠소? 치아는 소중한 것이외다.

- 이가 시큰거린다: **sensitive** 활용하기

- 이가 욱신거린다: **throbbing** 애용하기

EXAMPLES

1 이가 시큰거려.
I have a sensitive tooth.

2 이가 욱신거려.
My tooth is throbbing.

DIALOGUE 1

WIFE I might have to go to see a dentist. Whenever I drink cold water, I feel **sensitivity** in my tooth.
HUSBAND How bad is it?
WIFE It's pretty bad and it's not getting better.
HUSBAND You better make a dental appointment right away.

아내 아무래도 치과에 가야 할까 봐. 차가운 물을 마실 때마다 이가 시큰거리네.
남편 얼마나 심각한데?
아내 많이 안 좋은데 나아질 기미도 없어.
남편 빨리 치과 예약하는 게 좋겠네.

• dental appointment 치과 예약

DIALOGUE 2

WENDY I have a toothache and it really bothers me.
CATHY How does it hurt?
WENDY I feel a **throbbing** pain in my tooth, and it's not going away.
CATHY That's not a good sign. Maybe you have a cavity.

웬디 치통이 생겼는데 이게 진짜 사람 신경 쓰이게 하네.
캐시 어떻게 아픈데?
웬디 이가 욱신거리는데 나아질 생각을 안 하네.
캐시 조짐이 안 좋네. 충치가 생겼는지도 모르겠다.

• cavity 충치

83

몸이 좀 안 좋아 /
감기 기운이 있는 것 같아

몸 상태가 좀 안 좋다 싶으면 꼭 감기나 몸살이 오지요. 감기라는 것이 모든
병의 조상 격이라던데, 이 자리를 빌려 약이 무색할 만큼 효험 좋은, 감기 잡는
민간요법을 하나 소개해 드릴까 하오. 일단 큰 양푼에 날 콩나물을 레드카펫 깔
듯 쭉 까시오. 그 위에 영화배우 대신 무와 배를 썰어 올리고 맨 위에
공책만 한 갱엿을 떡하니 올려서 하룻밤 두면 다음 날 갱엿이 거짓말처럼 녹아
없어진 것을 목격하게 될거요. 추운 겨울, 베란다에 내놓고 자도 결과는 같소.
흥건히 고인 물을 받아서 시시때때로 하루만 마셔 주면 감기란 놈이 서둘러
요단강을 건너가고 없을 거이다.
"날이면 날마다 오는 게 아니야. 이 약 한번 잡숴 봐."
대신 맛은 보장 못 하오. 엄청 비리오.

몸이 좀 안 좋다는 것을 영어로는

coming down with ~

I think I'm coming down
with something.

내 팔자야!

❶ 몸이 영 안 좋네. (아무래도 아프지 싶다.)
I think I'm coming down with something.

❷ 감기 기운이 있는 것 같아.
I think I'm coming down with a cold.

WENDY Achoo! Achoo!
CATHY You've been sneezing all day. Do you have allergies?
WENDY No, I think I'm coming down with a cold. I have chills, too.
CATHY You should go home and rest.

웬디   에취! 에취!
캐시   하루 종일 재채기하네. 알레르기 있어?
웬디   아니, 아무래도 감기 기운이 있는 것 같아. 몸도 으슬으슬하네.
캐시   그냥 집에 가서 쉬어.

- have allergies 알레르기가 있다
  ex I have a cat allergy. 고양이 알레르기가 있다

- have chills 몸이 으슬으슬하다

RON Hon, I think I'm coming down with something.
AMY Can you make it to work?
RON Probably not. I need to call in sick.
AMY You probably should. I'll make you chicken soup.

론   자기야, 나 몸이 영 안 좋은 게 이상하네.
에이미 일 나갈 수 있겠어?
론   아무래도 안 될 것 같은데. 병가를 내야 할 것 같아.
에이미 그러는 게 좋겠다. 내가 닭고기 수프 만들어 줄게.

- call in sick 병가를 내다

84

완전히 뻗었어 /
녹초가 됐어

너무 피곤해서 움직일 수도 없을 때가 있소. 엄홍길 정신으로 산을 한 바퀴
타고 왔다거나, 조오련 정신으로 바다를 헤엄쳐 건넜다거나, 황영조 정신으로
마라톤을 한 판 뛰고 왔다거나, 김병만 정신으로 정글을 누볐다거나, K-pop
스타 정신으로 온종일 춤사위를 연마했다거나 혹은 집안일, 가족 건사, 공부,
직장 업무로 인해 손가락 하나 까딱할 수 없을 정도로 지쳤을 때 우리는 완전히
뻗었다, 녹초가 됐다고 하오.

이 표현을 영어로는

~ pooped

poop, 이게 '똥'이라는 뜻이어서 좀 드~럽긴 하나, 그렇기에 인고의 시간이
묻어나는 상황을 잘 대변할 수 있는 게 아닌가 하오. 아주 똥같이 푹 퍼졌다,
뭐 이런…….

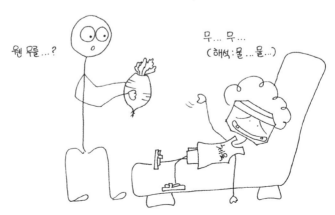

EXAMPLES

❶ 쟤 완전히 뻗었어.
She's pooped.

❷ 이 여행 끝나고 나면 녹초가 될 것 같아.
I think I'll be pooped after this trip.

DIALOGUE 1

AMY   This hike is killing me.
RON   You're doing great.
AMY   I'm barely alive. I'm **pooped**.
RON   We're almost there. Keep it up.

에이미   오늘 하이킹 코스 너무 힘들다.
론   잘 하고 있는데, 뭐.
에이미   간신히 목숨만 붙어 있는 거야. 녹초가 다 됐다고.
론   거의 다 왔어. 끝까지 힘내.

- ~ is killing me ~ 때문에 힘들어 죽겠다
  ex This weather is killing me. 이놈의 날씨 때문에 죽겠네.
  My leg is killing me. 다리 아파 죽겠네.

- barely 겨우, 간신히
- Keep it up. 끝까지 힘내. / 포기하지 말고 계속 열심히 해.

DIALOGUE 2

HUSBAND   Daddy's home. Where's my cutie pie?
WIFE   Shhhhh! Ellen is sleeping. She had a big day today.
HUSBAND   Oh, yeah. She went on a field trip.
WIFE   Yeah. She came back about an hour ago and she's **pooped**.

남편   아빠 집에 왔다. 우리 귀염둥이 어딨니?
아내   쉿! 엘렌 자요. 오늘 아주 중요한 날이었거든.
남편   아, 맞다. 견학 갔었지.
아내   응. 한 시간쯤 전에 와서 완전히 뻗었어요.

- cutie pie 귀염둥이, 발음은 [큐리 파이]

- big day 중요한 날, 큰 계획이 잡혀 있는 날
  ex Today is a big day. 오늘은 중요한 날이야.

- go on a field trip 견학을 가다

85

신진대사가 느려졌어

사람들이 신진대사, 신진대사 할 때는 그게 뭐라고 다들 난린가 했었소. 어느
나라 대사로 새로 부임한 분도 아니고 뭐가 그리 대수라고……. 한데, 나이가
들면 들수록 실감이 납디다. 남다른 식탐 탓에 젊어서는 한 끼에 2인분씩 하루에
다섯 끼를 먹고서도 44 사이즈를 유지했었는데, 이제는 몸이 너무 정직해졌소.
도대체 거짓말이라는 것을 모르고 먹으면 먹은 티를 내는 것이지요. 눈치가
없어도 너무 없소. 이게 다 신진대사가 느려진 탓이지요. 나이 먹는 것도 서러워
죽겠는데 별게 다 느려지고 난리요. 이러니 개그맨 김영철 씨가 자꾸 삼백안을
만들어서 "세월이 야속해~" 하는 것 아니겠소?

신진대사를 영어로

metabolism

EXAMPLES

① 신진대사가 느려졌어.
My metabolism slowed down.

② 나는 신진대사가 빨라.
I have a fast metabolism.

DIALOGUE 1

WENDY Are you done eating? You don't eat much these days.
CATHY I know. I can't eat as much as before.
WENDY Maybe your metabolism slowed down.
CATHY That must mean I'm getting old. How sad!

웬디　다 먹은 거야? 요새는 잘 안 먹네.
캐시　그러니까. 예전처럼 많이는 못 먹겠어.
웬디　아마 신진대사가 느려져서 그런 걸 거야.
캐시　그 말은 나도 이제 나이가 들어간다는 뜻이군. 슬프다!

- That means ~ ~한다는 뜻이군
  ex That means she doesn't like me. 걔가 날 좋아하지 않는다는 뜻이군.

- How ~! 정말 ~하다!
  ex How cute! 정말 예쁘다!

DIALOGUE 2

AMY I think I need to see a doctor.
RON What's wrong?
AMY I feel bloated when I eat, and I can't go to the bathroom that well these days.
RON Well, it sounds like a slow metabolism to me. Don't forget we're in our 40s now.

에이미　아무래도 병원에 가 봐야 할까 봐.
론　　　왜?
에이미　먹으면 배가 더부룩한 데다가 요새 들어서는 화장실도 잘 못 가거든.
론　　　음, 내가 보기엔 신진대사가 느려져서 그런 것 같은데. 우리도 이제 40대라는 걸 명심해.

- bloated 가스로 인해 배가 더부룩한

- in one's #s 나이가 몇십 대다
  ex I'm in my 40s. 난 40대야.
  She's in her 70s. 그분이 70대지.

187

86

사레들렸어

뭘 먹거나 마시다가 사레들리는 경우! 숨도 잘 못 쉬겠지, 의지와는 상관없이
계속 캑캑거려야 하지, 눈알 튀어나오지, 얼굴 시뻘게지지……. 어우, 싫소!
특히나 매운 걸 먹다가 이런 일이 벌어지면 그야말로 끝장이오. 한번은 라면을
먹다가 사레들린 적이 있는데 코에서 잘린 라면 가락이 나오는 수모를 겪었지
뭐요. 그저 죽는 날까지 우아하게 살다 가는 것이 소인의 작은 바람이거늘,
그게 뭐 그리 어렵다꼬 라면 가락이, 그것도 콧구멍에서…….
증말 드러워서 몬 살겠소.

사레들린다 하는 것을 영어로는

~ went down the wrong pipe

식도로 넘어가야 할 것이 기도로 잘못 넘어갔다는 것인데, 식도, 기도, 얘네들도
정식 명칭이 있소만 쉽게 쉽게 파이프 하나로 다 해결되오.

왜 자꾸
무를 달래?

켁켁!

무…무…
(해석: 물…물)

It went down
the wrong pipe.

EXAMPLES

❶ 사레들렸어.
It went down the wrong pipe.

❷ 사레들렸니?
Did something go down the wrong pipe?

DIALOGUE 1

JACK	Ack. Ack.
BOB	Are you OK? Do you need water?
JACK	No, I'm fine. Some Coke went down the wrong pipe.
BOB	Coke is dangerous, man. Teehee.

잭	캑캑.
밥	괜찮냐? 물 좀 갖다 줄까?
잭	아니, 괜찮아. 콜라 마시다가 사레들려서 그래.
밥	콜라가 그렇게 위험한 거다, 너. 히히히.

- Ack 미국 사람들이 '캑캑'거리는 소리요.
- teehee 미국 사람들이 '키득'거리는 소리요.

DIALOGUE 2

SISTER	I'm so excited about our family reunion. My mom will fix a nice dinner for everyone.
BROTHER	Didn't you throw up at the dining table last time?
SISTER	Some food went down the wrong pipe, and I couldn't help it. Don't remind me.
BROTHER	All right. I won't.

여동생	가족 모임이 정말 기대돼. 엄마가 맛있는 저녁을 해 주시겠지.
오빠	너 지난번 모임 때 식탁에서 토하지 않았었냐?
여동생	음식 먹다가 사레들려서 어쩔 수 없었어. 생각하기 싫으니까 말도 꺼내지 마.
오빠	알았다. 안 할게.

- fix dinner '저녁을 차린다'는 뜻이오. fix를 '고친다'고 해석하면 싫소.

- throw up 토하다
  ex I threw up on the bus. 버스에서 토했어.

- remind 상기시키다, 알려 주다
  ex Remind me to buy batteries. 이따가 나한테 건전지 사야 한다고 말해 줘.

87

착시 현상 / 헛것이 보여

요새는 평평한 길에다가도 낭떠러지처럼 보이는 그림을 입체적으로다가 잘도
그립디다. 그냥 밟고 지나가도 될 걸 괜히 빙 돌아가게 만들고. 그나마 이런 경우는
좀 낫소. 어차피 그렇게 보이려고 작정하고 그린 그림이니 말이오.
한데, 있지도 않은 것이 보이는 경우는 참으로 뭣하오. 웬 여자가 나에게
손짓하길래 눈을 비비고 다시 보니 없어졌다거나, 한밤중 자유로를 달리다가
큰 키에 눈이 시커멓게 뻥 뚫린 뭔가를 (서장훈 씨가 선글라스를 끼고 서 있었다는
설이 있소) 봤다거나 하는……. 우리 이참에 보약 한 첩씩 지어 먹읍시다.
내 건강 내가 챙기지 누가 챙기겠소?

착시 현상이나 헛것이 보이는 현상을 영어로는

My eyes are playing tricks on me.

DIALOGUE 1

WENDY Wow! Look at the drawing on the pavement.

CATHY Doesn't it look like a real hole in the ground?

WENDY It sure does. My eyes are playing tricks on me.

CATHY So are mine.

웬디   와! 땅바닥에다가 그림 그린 것 좀 봐.

캐시   땅에 정말로 구멍 뚫린 것 같게 보이지 않니?

웬디   진짜 그러네. 착시 현상 일어난다.

캐시   나도.

- pavement 한국에서 말하는 '콘크리트 바닥, 시멘트 바닥'을 영어로는 이리 말하오.

- So are mine. 여기서는 '내 눈에도 그렇게 보인다'는 뜻인데, 이 so를 이용해서 이런 식의 표현을 종종 쓰오.
  ex A: I have to do my homework. 나 숙제해야 해.
  B: So do I. 나도.

DIALOGUE 2

JACK Wait a minute. Did you see that?

BOB See what?

JACK A bright blue light. It blinked a couple of times.

BOB Oh, no. I think you're losing it.

JACK Shut up. I really saw it.

BOB Come on. Sometimes your eyes play tricks on you.

잭   잠깐. 너도 봤냐?

밥   보긴 뭘 봐?

잭   파란색 밝은 빛. 두어 번 깜빡거렸는데.

밥   어쩌냐. 아무래도 정신이 오락가락하나 보구나.

잭   시끄러워. 진짜 봤단 말이야.

밥   아 쫌. 가끔 착시 현상 일어나는 걸 가지고 뭘 그래.

- blink 눈을 깜박이다, 불빛이 깜박거리다
- You're losing it. 정신이 오락가락한다. / 정신줄 놓게 생겼다.

88

눈이 따가워 /
(너무 매워서) 입안이 얼얼해

적성에 안 맞는 요리를 해 보겠다고 양파, 파를 썰 때 (이래서 적성 검사가
반드시 필요함), 때 빼고 광내다가 샴푸나 비누가 눈에 들어갔을 때 (이래서
안 하던 짓 하면 동티가 남), 식당에서 고기 한 점 더 먹겠다고 화로에 바싹
다가앉았다가 연기가 훅 눈에 들어갔을 때 (이래서 지나친 식탐은 결국 사람 잡음)
이렇게 눈이 따갑다는 걸 영어로는?

오랜만에 한국에 가서 매운 닭발, 매운 족발을 먹었는데 너무 매운
나머지 발음까지 어떠떠~ 안 돌아갈 정도로 입안이 얼얼하더이다.
캡사이신인가 뭔가는 왜 자꾸 집어 넣는 거요?
이렇게 너무 매워서 입안이 얼얼하다는 걸 영어로는?

~ burning

일석이조! 답은 이거 하나면 되오. 아주 그냥 다 활활 타오르오.

My eyes are burning

My mouth is burning.

작은 고추

EXAMPLES

1 눈이 따가워 죽겠어.
My eyes are burning.

2 너무 매워서 입안이 얼얼해.
My mouth is burning.

DIALOGUE 1

DAUGHTER Mom, water, water!
MOM Here you go. Is the seafood stew too spicy for you?
DAUGHTER It's way too spicy. My mouth is burning.
MOM I'm sorry. I guess I used too much chili pepper.

딸	엄마, 물, 물!
엄마	여기 물. 네가 먹기에는 해물탕이 너무 맵니?
딸	매워도 너무 매워. 입안이 다 얼얼하네.
엄마	미안. 엄마가 고추를 너무 많이 넣었나 보다.

• way too ~ 지나치다
　ex This is way too much. 양이 많아도 너무 많네.

DIALOGUE 2

HUSBAND Hon, do we have eye drops?
WIFE Yes, we do. Do you need some?
HUSBAND Yeah. Shampoo got into my eyes in the shower,
and my eyes are burning.
WIFE That sounds painful. I'll go get it.

남편	자기야, 집에 안약 있어?
아내	응, 있지. 필요해?
남편	응. 샤워하다가 눈에 샴푸가 들어갔는데 따가워 죽겠네.
아내	아프겠다. 내가 가서 가져올게.

• eye drops 안약
• in the shower 샤워하는 도중에

89

정기 검진 받을 때가 됐네

건강은 건강할 때 지키라는 말이 있소. 잃고 나서 후회해 봐야 내 몸 고생,
식구들 마음고생이니 꼬박꼬박 정기 검진 받고 후회할 일 따위 만들지 않는
것이 상책이나, 당장 어디가 어떻게 아프지 않은 이상 일 년에 한 번인 검진도
다음으로 미루기에 십상이지요. 소인도 정기 검진을 미루다 아차 싶었던 적이
있소. 오른쪽 상복부, 간이 위치한 곳이 난데없이 불뚝 솟아오른 것이지요.
'진작에 정기 검진을 받을걸.' 그길로 의사를 찾아가 술을 좋아하는 사람인데
아무래도 동티가 난 것 같다, 간이 부은 것 같다고 처절하게 울부짖었소이다.
한데 초음파 검사 결과, 간이 아니라 그 부분의 근육이 유독 발달해 튀어나온
것이니 걱정할 것 없다는 것이었소.
"운동을 오른쪽 상복부로만 하시나 봐요."
세상에 그런 운동이 어디 있답디까? 의사라는 양반이 하는 소리 하고는 참.
아무튼, 때 되면 미루지 말고 정기 검진 받읍시다.

정기 검진을 영어로는

annual check-up /
yearly check-up

It's time for your annual check-up.

세월 참 빠르다.

EXAMPLES

❶ 너 정기 검진 받을 때 됐어.
It's time for your yearly check-up.

❷ 건강 유지하려면 정기 검진은 꼭 받아.
You need an annual check-up to maintain your health.

- maintain 유지하다, 관리하다

DIALOGUE 1

DAUGHTER Mom, when is your annual check-up?
MOM It was this Thursday, but I canceled it because my friend wanted me to go shopping with her.
DAUGHTER Mom, you can't do that. An annual check-up at your age, especially for women, is really important.
MOM I'm totally fine. I'll do it next year.

딸 엄마, 정기 검진이 언제라고 했지?
엄마 이번 주 목요일이었는데, 친구가 같이 쇼핑 가자길래 취소했지.
딸 엄마, 그러면 안 돼. 엄마 나이에, 특히 여자들한테 정기 검진이 얼마나 중요한데.
엄마 이렇게 멀쩡한데, 뭐. 내년에 할게.

DIALOGUE 2

HUSBAND Is a yearly check-up really necessary?
WIFE Of course. I already made doctors' appointments for both of us. So you're going.
HUSBAND I'm not sick, though. I'm perfectly healthy.
WIFE How do you know? You're not a doctor.

남편 정기 검진 꼭 받아야 해?
아내 당연한 소릴. 우리 둘 다 벌써 예약해 놨어. 그러니 당신도 가야 해.
남편 아픈 데도 없는데. 완전 건강하다니까.
아내 당신이 그걸 어떻게 알아? 의사도 아니면서.

- make an appointment 병원이나 미용실처럼 사람을 만나서 일을 봐야 하는 약속에 쓰오. 식당이나 호텔처럼 자리나 공간을 예약하는 것은 make a reservation이오.

- doctor's appointment 병원 예약

- ~~~, though. '그런데'라는 뜻으로 but과 같소만, 얘는 문장 끄트머리에 쓰이오. ex He's so smart, though. 애가 똑똑하긴 한데.

195

90

신경이 날카로워 / 예민해

누구나 신경이 날카로울 때가 있소. 큰 시험을 앞두고 있다거나, 중요한 프레젠테이션이 목전이라거나, 몸이 안 좋다거나 누구와 싸웠다거나. 하여튼 예민할 대로 예민해져서 검은 오라를 펄펄 풍기며 주변 사람들을 긴장시킬 때가 있단 말이오. 물론 소인 같은 경우는 일 년 열두 달 신경이 날카로운 채로 있기 때문에 늘 살얼음판이지요. 가족들이 좀 불쌍하긴 하오만, 길게 생각하면 이것도 그리 나쁜 것만은 아니오. 갱년기가 시작되면 가족들이 죽어난다던데 우리 가족들은 걱정 없소. 평생이 갱년기인 소인과 더불어 살고 있으니 정말로 갱년기가 온다 한들 아무도 알아채지 못할 것이기 때문이지요. 나도 그들에게 해 줄 수 있는 것이 있구나 싶어 흐뭇합니다, 그려. 헐헐헐헐~~

<mark>신경이 날카롭다</mark>, 예민하다는 것을 영어로는 이리 하오.

~ on the edge

'모서리'를 생각하면 아주 딱인 표현이오.

으르렁, 으르렁대.

She's on the edge.

EXAMPLES

❶ 걔 신경 날카로워져 있어.
She's on the edge.

❷ 나 요새 예민해.
I'm on the edge these days.

DIALOGUE 1

JACK	What are you doing here? Didn't you say you were going to see your girlfriend tonight?
BOB	I saw her. She's **on the edge** so I decided to stay away from her.
JACK	Why is she **on the edge**?
BOB	Who knows?

잭	여기서 뭐 하나? 오늘 밤에 여자 친구 만나러 간다며?
밥	만났어. 신경이 날카롭길래 가까이 있지 말아야겠다 했지.
잭	왜 그렇게 예민한데?
밥	그걸 누가 아냐?

• **What are you doing here?** 예상치 못했던 장소에서 누군가를 만났을 때 자주 쓰는 표현이오. 누가 몰래 뭘 하고 있는 현장을 적발했을 때도 쓰고 말이오.

• **stay away from** ~ ~에 가까이 가지 않는다, ~를 건드리지 않는다, ~에서 떨어져 있다

• **Who knows?** 누가 알아?

DIALOGUE 2

DAUGHTER	Mom, can you fix my lunch, please?
MOM	Can you take care of yourself? You're twelve. You should be able to make your own lunch.
DAUGHTER	You sound like you're **on the edge**. What's wrong?
MOM	Nothing. I just need to stay away from everybody for a while.

딸	엄마, 점심 좀 차려 줘.
엄마	네 건 네가 좀 알아서 하면 안 돼? 열두 살이나 됐으면 네 점심 정도는 네가 알아서 차려 먹을 줄 알아야지.
딸	엄마 신경 날카롭네. 왜 그래요?
엄마	아무것도 아니야. 그냥 잠깐 혼자 있어야겠다.

• **Nothing.** 아무것도 아니야.

91

팔다리가 저려

휴대 전화를 손에 들고 변기에 앉아서 연예인 아무개가 결혼하네, 이혼을 하네,
건물이 몇 채네, 하는 기사들을 읽다 보면 20분, 30분은 금세요. 볼일은 아까 다
봐 놓고도 변기를 의자 삼아 한참을 앉아 있다가 일어나려는데 찌잉~ 다리가
저려서 다시 주저앉아 코에 침을 바른 경험! 없다고는 하지 못 할거외다. 웃기는
건 코에 침을 바르면 정말로 저리던 것이 멎는다는 거요. 그리고 더 웃기는 건
그걸 처음에 누가 알아냈냐 하는 것이지요. 하필 코에, 하필 침을 바를 생각을
처음 하신 분, 대체 누구요?
아무튼, 다리만큼 자주는 아니지만, 가끔 팔도 저리오. 애를 오랫동안 안고
있었다거나 팔을 베고 자는 바람에 피가 잘 안 통하는 경우엔 팔도
저릿저릿하오.

이렇게 다리가 저리다, 팔이 저리다 하는 것을 영어로는

~ asleep

My leg is asleep.

코도 없으면서
어디다가 침을 바르는겨?

EXAMPLES

❶ 다리 저려.
My leg is asleep.

❷ 팔 저려.
My arm is asleep.

DIALOGUE 1

RON   Shoot! My leg!
AMY   What's wrong?
RON   My leg is asleep. Can you help me up?
AMY   I told you not to sit on the toilet too long.

론   이런! 내 다리!
에이미   무슨 일이야?
론   다리 저려. 일어나게 좀 도와줄래?
에이미   내가 화장실에 오래 앉아 있지 말라고 했지.

- Help me up. 일어나게 도와줘.
- toilet '변기'는 원래 toilet bowl이오만, 짧게 toilet이라 말하면 되오.

DIALOGUE 2

JACK   Gosh, my arm is asleep.
BOB   Did you sleep on your arm again?
JACK   I guess. I try not to, but I keep doing it every night.
BOB   Old habits are hard to break.

잭   아우, 팔 저려.
밥   또 팔 베고 잔 거야?
잭   그런가 봐. 안 그러려고 하는데도 매일 밤 그러네.
밥   오래된 습관인데 쉽게 고쳐지겠냐.

- ~ hard to break ~을 그만두기가[고치기가] 어렵다

92

다리에 쥐가 났어

다리에 털이 났으면 모를까, 쥐가 나는 것은 참으로 고통스럽기 짝이 없는 일이외다. 자다가 당해 보신 분들은 잘 아실 거외만, 이게 보통 아픈 게 아니라오. 근육이 뒤틀리는 고통에 자다가 일어나 앉아 발등을 앞으로 잡아당겨도 보고, 그도 안 될 것 같으면 엉금엉금 침대 밑으로 기어 내려가 체중을 발끝에 싣고 서 있어도 보고. 다리에 쥐가 나는 이유는 개인마다 다 다르다고는 하나, 대부분의 경우 마그네슘이 부족하여 생기는 현상이라고 합디다. 하여, 마그네슘이 풍부한 아보카도, 바나나, 브로콜리 등을 꾸준히 섭취하면 쥐를 잡을 수 있다 하오. 쥐 잡는다고 또 다리에 쥐덫 올려놓고 그러지 말고 바나나나 하나씩 까먹읍시다.

쥐가 났다는 것을 영어로는

cramp

한데, 이 cramp가 '생리통'이라는 뜻도 있소.
I have cramps.라고 하면 '생리통이 있다'는 뜻이오.

EXAMPLES

❶ 다리에 쥐가 났어.
My leg is cramping.

❷ 종아리에 쥐가 났어.
I got a cramp in my calf.

- calf 송아지, 종아리

DIALOGUE 1

WENDY Oh, my! My leg is cramping. What should I do?
CATHY Put your weight on the cramped leg and stretch it.
WENDY I can't. It's too painful.
CATHY Stand up straight, first.

웬디   아우! 다리에 쥐가 났어. 어떡하지?
캐시   쥐가 난 다리에 체중을 싣고 쭉 펴 봐.
웬디   못 하겠어. 너무 아파.
캐시   일단 똑바로 일어서 봐.

- put ~ weight on ~ 체중을 ~에 싣다, 무게 중심을 ~에 두다
  ex Put your weight on your toes. 발가락에 체중을 실어.

DIALOGUE 2

JACK Gosh, I've got cramps in my calf.
BOB   Again? Eat bananas, man.
JACK That won't help now. Can you massage my calf?
BOB   Nope. I'm not your girlfriend.

잭   아우, 종아리에 쥐 났어.
밥   또? 바나나를 먹으라니까.
잭   그게 지금 도움이 되냐? 종아리 좀 문질러 줄래?
밥   싫어. 난 네 여자 친구가 아니란다.

- That won't help. 그건 도움이 안 돼.
- Nope. 안 돼. / 싫어.

93

아우, 다리야! 아우, 팔이야!

지금 돌이켜보면 그 옛날 유럽 배낭여행을 어떻게 세 번씩이나 다녀왔을까 싶소. 나무꾼도 아니면서 허리가 휘도록 무거운 배낭을 등에 지고 한 달이 넘게 걸어 다닌 걸 생각하면 등골이 다 오싹하오. 한 군데라도 놓칠세라 걸음을 재촉하여 유명 명소를 다 돌아본 후 밤 기차에 몸을 싣고 나면 다리가 후들후들한 게, 어찌나 뻐근하던지 말이요. 팔이라고 멀쩡했겠소? 지금 같으면 트레비의 분수가 다 웬 말이고, 에펠탑이 다 무슨 소용이랍니까? 그저 방구들 지고 앉아 예능 프로그램 하나 때리면서 소주에 닭똥집 볶아 먹으면 그게 지상 낙원인 것을. 파랑새는 가까이에, 그것도 집구석에 있소이다.

아무튼 **다리가 뻐근하다**, **팔이 아프다** 하는 것을 영어로는

~ sore / ~ burning

88과에서 이미 burning이라는 표현을 배웠잖소?
눈도 타고 입도 타더니 이제는 팔다리까지 아주 그냥 활활 타오.

My arms are sore.

달달

달달

동네 헬스

EXAMPLES

❶ 아우, 팔 아파. 운동을 너무 많이 했나 봐.

Gosh, my arms are sore. I guess I exercised too much.

❷ 한 시간 동안 뛰었더니 다리가 아프네.

I ran for an hour and now my legs are burning.

DIALOGUE 1

MOM	You're back. How was your walk?
SON	It was nice. My legs are sore, though.
MOM	You were gone for a while. How far did you go?
SON	I walked all the way downtown.

엄마	왔구나. 산책 잘 했어?
아들	좋았어요. 다리가 좀 아프긴 하지만.
엄마	오래 걸렸네. 어디까지 갔다 온 거야?
아들	시내까지 쭉 걸어갔다 왔어요.

- ~ gone for a while 어디에 한참 동안 가 있다가 왔다
- downtown 시내, 도심

DIALOGUE 2

BOB	This is it. I'm not going to the gym with you again.
JACK	Don't you feel good after our workout?
BOB	Hell, no. My arms are burning. It was worse than boot camp.
JACK	Weight lifting is great exercise. You'll appreciate it someday.

밥	이번이 마지막이야. 이제 다시는 너랑 헬스클럽 안 가.
잭	운동하고 나니까 기분 죽이지 않냐?
밥	절대 아니거든. 팔 아파 죽겠다. 훈련소보다 더 지독했다고.
잭	근력 운동이 얼마나 좋은 건데 그래. 언젠가는 감사할 날이 올 거다.

- Hell, no. 절대 아니라는 강한 부정.
- boot camp 신병 훈련소, 비행 청소년 교정 시설
- weight lifting 근력 운동, 역도 (운동한답시고 무거운 거 들어 올리는 건 다 이거요.)

- ~ appreciate it. '감사하게 생각한다'는 뜻이라오. Thank you.의 자매품이라 보시면 되겠소. ex I appreciate it. 감사합니다.

203

94

위가 좀 예민해

선천적으로든 후천적으로든 위장이 예민한 사람들이 있잖소? 뭘 좀 잘못 먹거나 많이 먹으면 동티가 나는 위장! 시고 짜고 매운 음식은 또 잘 받지도 않아서 밍밍한 것만 조심해서 먹어 줘야 하는 위장! 아, 생각만 해도 몸과 마음이 일순간에 여윌 것만 같소. 소인의 주위에도 과민성 위장염이다, 역류성 식도염이다, 이런저런 문제를 안고 사는 중생들이 수두룩한데 보아하니 먹어서는 안 되는 것들이 느~무 많습디다. 요리할 때나 재료를 살 때 성분 분석표까지 죄다 따져야 하고, 음식점 가서도 이거 빼 달라, 저거 빼 달라 뭐 하나 마음 놓고 먹을 수도 없고. 이게 어디 사람 사는 거요? 그저 잘 먹고 잘 자고 잘 싸는 게 제일 큰 행복인 것 같소이다.

위가 예민하다는 표현을 영어로는

sensitive stomach

I have a sensitive stomach.

위가 예민해서 많이 못 먹어.

❶ 위가 좀 예민해서요.
I have a sensitive stomach.

❷ 우리 딸이 위가 많이 예민해요.
My daughter has a very sensitive stomach.

WENDY Have some more. We have enough.
CATHY Thank you, but I better stop now. I have a sensitive stomach and it will be upset if I eat more than I should.
WENDY I'm wondering why. Have you seen a doctor?
CATHY Yeah. My doctor said stress causes it.

웬디   좀 더 먹어. 음식은 충분히 있으니까.
캐시   고맙지만, 그만 먹는 게 좋겠어. 위가 예민해서 조금만 많이 먹어도 체하거든.
웬디   왜 그러지? 병원엔 가 봤어?
캐시   응. 의사 선생님이 그러는데 스트레스성이래.

- upset 화내다, 뒤집히다

- ~ cause ~가 원인이다
  ex Heavy rain caused floods. 폭우로 인해 홍수가 났다.

AMY May I have my pizza without tomato sauce, please?
WAITER No problem.
RON You don't like tomato sauce?
AMY I love tomato sauce, but my stomach is very sensitive to anything acidic.

에이미   피자에서 토마토 소스는 빼 주시겠어요?
웨이터   네, 알겠습니다.
론   토마토 소스 싫어해?
에이미   좋아하지. 근데 위가 산성에 너무 예민해서 그러지.

- 미국에서는 식당에서 뭘 빼 달라, 뭘 넣어 달라 주문하는 것이 매우 보편적이오. 피자도 토마토 소스 없이 크림 소스나 치즈만 넣어서 만들어 달라는 경우가 종종 있소이다.

- You don't like tomato sauce?에서 왜 평서문에 물음표를 썼을까, Don't you like ~?가 아닌가 생각하시는 분들, 고정하시오. 구어체에선 이처럼 평서문으로도 질문이 가능하다오.

- acidic 산성의

95

목이 쉬었어

영어 강사를 하던 시절에는 목쉬는 게 일이었소. 아침저녁으로 학원 두
군데에서 일할 때도 있었으니 많게는 하루에 강의 아홉 탕을 뛰기도
했다오. 나중에는 목에서 쇳소리가 다 납디다. 그래도 참 좋은 시절이었소.
젊지, 예쁘지(젊으면 다 예쁘다는 걸 이제 깨달았소), 팔팔하지, 밤마다 소주에 족발,
닭발이지……. 그리고 무엇보다도 내 일에 대한 열정과 보람과 자신감이
있었으니 말이오. 그 누구도 영어를 나만큼 잘 가르칠 수 있는 사람은 없었다오.
그때의 나는 정말 잘났었소! 어디서 달걀 날아오는 소리가…….
돌 날아오는 소리도……. 퍽! 으악!
한마디만 더 하겠소. 목에는 그저 생강이 그만이오. 그리고 잘난 체에는 달걀과
돌이 상책이라오.

<mark>목이 쉬었다</mark>는 것을 영어로는

losing one's voice / hoarse

hoarse는 목 아플 때 먹는 사탕 이름을 생각하면 외우기가 쉬울 거요.

206

EXAMPLES

❶ 목이 쉬려고 하네.
I'm losing my voice.

❷ 목이 쉬었어.
My voice is hoarse.

DIALOGUE 1

JACK	Dude, you don't sound good.
BOB	I have a sore throat and I'm losing my voice.
JACK	Are you coming down with something?
BOB	I hope not.

잭   야, 너 목소리가 영 안 좋다.
밥   목구멍도 따끔거리고 목도 쉬네.
잭   어디 아프려고 그러나?
밥   아니어야 할 텐데.

DIALOGUE 2

WENDY	What happened to your voice?
CATHY	My voice is hoarse from yelling too much yesterday.
WENDY	That's right. You went to the basketball game yesterday.
CATHY	Thank God it was the last game. I don't have to yell until next season.

웬디   목소리가 왜 그래?
캐시   어제 소리를 하도 많이 질렀더니 목이 쉬었네.
웬디   맞다. 너 어제 농구 경기 보러 갔었지.
캐시   어제가 마지막 경기이길 천만다행이지. 이제 다음 시즌까지는 소리 지를 일 없네.

• thank God 천만다행이다

207

96

편두통이 있어

몇 년 전 일이오. 가끔 왼쪽 눈알을 누가 쥐어짜는 것처럼 아픈 현상이
계속되길래 인터넷 검색을 해 보았더니 쿠궁!!!! 녹내장!!! 덜컥 겁이 납디다.
병명도 알았겠다, 안과로 달려가 녹내장에 걸렸으니 약을 달라 외쳤소.
은발이 성성한 안과 의사 선생님은 묵묵부답, 몇 가지 검사를 끝마치시더니
'편두통'이라는 엉뚱한 진단을 내리셨소.
"아니에요. 녹내장이거든요. 제가 다 검색해 봤어요."
"편두통이에요. 내가 의사입니다, 내가."
편두통인데 왜 눈알이 아프고 난리냐고 반박하는 소인과 의사 면허증을
들이밀며 편두통이라고 우기는 의사 선생님. 결국은 면허증 소지자의 승리로
끝났소이다. 아무튼, 편두통의 종류가 얼마나 다양한지, 그 증상이 얼마나
끔찍한지 그때 알았다는 것 아니겠소?

편두통을 영어로는

migraine

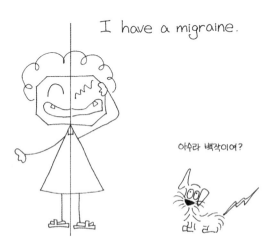

I have a migraine.

아수라 백작이여?

EXAMPLES

❶ 편두통이 있어.
I have a migraine.

❷ 너 편두통 있니?
Do you have a migraine?

DIALOGUE 1

WIFE	Hon, can you get my pills?
HUSBAND	Is your migraine bothering you again?
WIFE	Yeah. It came back.
HUSBAND	I wish we could get rid of your migraines, somehow.

아내	여보, 약 좀 가져다줄래요?
남편	또 편두통이야?
아내	네. 또 이러네요.
남편	당신 편두통 좀 싹 없애는 방법이 있으면 좋을 텐데.

- pill '알약'을 말하오. '물약'은 증상에 따라 cold syrup, allergy syrup이라 부르오.
- get rid of ~ ~를 없애다, ~를 제거하다
- somehow 어떻게든, 어떤 방법으로든

DIALOGUE 2

WENDY	This migraine is killing me.
CATHY	Again? Did you take a pill?
WENDY	Yeah, but it didn't do anything. I might need to take another one.
CATHY	I'll go get it for you.

웬디	편두통 때문에 죽겠어.
캐시	또야? 약은 먹었고?
웬디	응, 근데 효과가 하나도 없네. 한 알 더 먹어야 할까 봐.
캐시	내가 가져다줄게.

- another one 하나 더
  ex I want another one. 하나 더 먹을래요. / 하나 더 주세요. / 하나 더 살래요.

97

피 검사

판검사도 아니고 피 검사! 판검사는 돈이나 잘 벌지, 피 검사는 내 돈 내고
내 피 뽑히고 대체 뭐 하자는 짓이오? 물론 건강하자는 짓이지요. 피 검사
하면 떠오르는 기억이 하나 있소. 소인이 여덟 살 때였던가, 아무튼 병원에
피 검사를 하러 갔는데, 하필 초짜 간호사가 걸린 거요. 이분이 혈관을 못 찾고
울상이 되어서는 손을 부들부들 떨며 여기저기 찌르기만 하는 것이지요.
참고로 소인은 피부가 얇아서 육안으로도 핏줄을 확인할 수 있는, 간호사들의
선망의 대상이라오. 아무튼, 찌르다 찌르다 안 되니까 이 간호사분이 소인더러
엎드리랍디다. 살다 살다 엉덩이에서 피 뽑는 간호사는 그때 처음이자 마지막으로
보았소. 결국, 그분은 의사 선생님께 호되게 꾸중을 듣고 눈물바람, 소인은
소인대로 아프고 무서워서 눈물바람. 온 병원이 눈물의 도가니였다오.

피 검사를 영어로는

blood test / blood work

You need a blood test.

어째 야매같다.

EXAMPLES

❶ 피 검사를 해 봐야겠어.
I need a blood test.

❷ (여러 검사에 필요한) 피 검사를 하도록 할게요.
We'll do some blood work.

> **여기서 잠깐!** ▸ 한국에서는 피를 한 통만 뽑아도 여러 가지 검사가 가능한 것으로 알고 있소만, 미국에서는 피 한 통에 검사 하나씩이오. 임신했을 때 여덟 통인가를 뽑힌 적도 있소. 임산부 피 말려 죽이려는 줄 알았소이다.

DIALOGUE 1

DOCTOR Here's an order for blood work. You'll need to go to a lab.
PATIENT Can I get it done here?
DOCTOR No, we don't draw blood here. You can go to any lab in town, though.
PATIENT All right. Thank you so much.

의사 피 검사 오더입니다. 검사실에 가져가시면 돼요.
환자 피 검사 여기서 받을 수 있을까요?
의사 아뇨, 저희는 채혈은 하지 않아요. 대신 동네에 있는 아무 검사실에나 가셔서 하시면 됩니다.
환자 알았습니다. 감사합니다.

- lab 검사실, 연구실, 실험실
- draw blood '채혈하다, 피를 뽑는다'는 뜻이오. draw라니까 또 그림을 그리라는가 보다 하고 피로 그림 그리믄 못쓰오.

DIALOGUE 2

BOB I can't believe how much blood they drew from me today. I feel dizzy.
JACK Did you take a blood test?
BOB Yeah. I think I'll be dead with anemia before the result comes in.
JACK I guess they drew a lot of your blood.

밥 오늘 피를 얼마나 많이 뽑혔는지 몰라. 어지러워 죽겠네.
잭 피 검사 했어?
밥 어. 검사 결과 나오기 전에 빈혈로 죽고 없지 싶다.
잭 피를 많이 뽑긴 뽑은 모양이네.

- feel dizzy 현기증이 나다, 어지럽다
- anemia '빈혈'이란 뜻이오. 발음은 [어니미아]인데 외우기 힘들다면 '어, 님이여! 빈혈 걸린 님이여!'로 기억하소서.

98

약 너무 많이 먹으면 안 돼

유독 약을 좋아하는 사람들이 있소. 소인의 어머니가 바로 그런 사람이오.
예로부터 어머니는 출출할 때, 배가 고플 때마다 약을 즐겨 드시었소. 젊어서도
그처럼 약을 좋아하셨는데 이제는 연세도 있으시고 여기저기 아픈 곳도 많으니
복용하시는 약의 양이 줄었을 리는 없겠다고 짐작은 했지만, 3년 전 한국을
방문하여 그 실상을 목격하고는 할 말을 잃었지 뭐요. 관절염약, 골다공증약,
두통약, 혈압약, 오메가3, 종합비타민, 비타민C, 위장 보호제……. 종류와
양만으로도 놀라운데, 그 많은 걸 한 모금에 털어 넘기시는 것을 보고 걱정과
존경을 금할 길 없었소이다. 몸이 아플 때 약이 도움이 되는 것은 사실이나
과다 복용은 금물이오. 좋자고 먹는 약이 독이 되지 않도록 우리 모두 엔간히
복용하십시다.

약을 과다 복용한다는 것을 영어로는

overdose

Don't overdose.

내 이름은 마릴린!

pills

EXAMPLES

❶ 약 너무 많이 먹지 마.
Don't overdose.

❷ 너, 감기약을 너무 많이 먹은 것 같다.
I think you overdosed on cold pills.

DIALOGUE 1

DAUGHTER Mom, here's your prescription. The dosage is on the back.

MOM I don't need to read it. I'll take it whenever I need it.

DAUGHTER Mom, you can't do that. You have to follow the directions. You don't want to overdose.

MOM Don't worry. I won't.

딸   엄마, 약 여기 있어요. 뒤에 보시면 용량 적혀 있어요.
엄마   안 읽어도 돼. 필요하다 싶을 때마다 먹으면 되지.
딸   엄마, 그러면 안 된다니까요. 용법대로 먹어야죠. 과다 복용하면 안 된다고요.
엄마   걱정 마. 안 그럴 테니.

- prescription '처방전, 처방받은 약', 발음은 [프리스크립션]이 아니라 [펄스크립션]이오.

- dosage '정량', 발음은 [도씨지], 소시지가 아니라 입맛 다시지 마시오.

- directions '방향'이라는 뜻 외에 '사용 설명서, 지침서'라는 뜻도 있소. 여기서는 '용법 설명'이란 뜻이오.

DIALOGUE 2

JACK Man, look at all those pills you're taking. Don't you think it's too much? Remember what happened to Marilyn Monroe?

BOB What happened to her?

JACK She overdosed on pills and died.

BOB Don't worry, man. I'm going to live as long as a turtle.

잭   세상에, 이 약들 좀 봐. 양이 너무 많은 거 아니냐? 마릴린 먼로가 어떻게 됐는지 기억 안 나냐?
밥   어떻게 됐는데?
잭   약 과다 복용으로 죽었잖냐.
밥   걱정 마. 난 거북이처럼 오래 살 테니.

99

약효가 슬슬 나타나네 /
술기운이 슬슬 올라오네

 이번 에피소드는 지저분한 내용이 상당 포함되어 있으므로 노약자나 비위가 약하신 분들은 예문으로 건너뛰시기 바랍니다.

몇 년 전, 쓸개 제거 수술을 받고 나서의 일이오. 서서히 회복되어 갈 때쯤 수술받은 병원에서 Health Fair^{건강 박람회}가 열린다 하여 식구들 모두 함께 갔소이다. 공짜로 받은 곰 인형을 들고 의사 선생님께 가서 증상을 꾸며 말하면 붕대도 감아 주고 약도 주고 하는 식의 아이들을 위한 프로그램이 많아서 참 좋았소. 한데, 갑자기 소인의 눈앞이 하얘지더니 노오~란 토사물을 게우며 그 자리에 쓰러지고 만 것이지요. 다행인지 불행인지 정신줄은 잘 붙들고 있어서 응급실로 실려 들어가는 깃도, 병명이 뭐라는 것도 알게 되었다오. 변비랍디다! 그 많고 많은 병 중, 하필이면 변비랍디다!
원래 진통제를 먹으면 변비가 오는데 소인이 그걸 몰랐던 거요. 변 빼는 약이라며 아랫배에 주사를 놓아주니 잠시 후, 약효가 슬슬 올라오면셔~ 화장실로 기어가시면셔~. 그로써 응급실 역사상 변비로 들어왔다가 응가하고 귀가한 유일한 환자가 되었다는 냄새나는 사연이었소이다.

이렇게 약이든 주사든 슬슬 약효가 나타난다,
술을 마시고 나서 슬슬 술기운이 돈다는 표현을 영어로는

~ is kicking in. /
~ is hitting ~.

표현들이 다 차고 때리고 난리도 아니오.

The soju is kicking in.

아저씨가 뭘 알아, 영?

❶ 수면제 효과가 슬슬 나타난다.
The sleeping pill is kicking in.

❷ 소주가 슬슬 올라오는데.
The soju is hitting me.

WENDY How's your headache?
CATHY The pill you gave me is **kicking in**. Thanks.
WENDY Sure. That's the only brand that works for my headache.
CATHY I guess it's pretty strong. I like it.

웬디　두통은 좀 어때?
캐시　네가 준 약이 듣기 시작했어. 고마워.
웬디　별말을. 내 두통에도 그 상표만 듣더라고.
캐시　약이 상당히 센가 봐. 맘에 드네.

- **Sure.** 누가 Thank you. 하면 무조건 You're welcome. 아주 로봇이 따로 없소. 그런데 You're welcome. 대신 Sure.과 You bet.도 많이 쓰오. 인생에 변화를 좀 준다는 의미에서 다음엔 Sure.도 한번 써 보시오.

- **strong** (약이, 술이, 음식의 간이) 세다

JACK Give me another shot.
BOB This is your eighth. Slow down, man.
JACK You're right. I can feel the soju **hitting** me.
BOB See? Take a break, man.

잭　한 잔 더 주라.
밥　벌써 여덟 잔째야. 좀 천천히 마셔.
잭　그러게. 소주 기운이 슬슬 올라오네.
밥　거봐. 좀 쉬었다 마셔.

- **shot** 소주나 위스키처럼 작은 잔으로 마시는 술의 경우, '한 잔'을 이렇게 표현하오.
- **Slow down.** 좀 천천히 해.
- **Take a break.** 쉬었다 해.

100

식은땀이 나

몸이 안 좋거나 무서운 경험을 하게 되면 식은땀이 주르륵 흐르오. 식은땀이 날 정도로 무서운 경험은 없지만, 무서운 얘기는 하나 알고 있지요. 어떻소? 한번 들어보실 테요?

여대생 네 명이 여행을 갔는데 줄곧 비가 오지 뭐요? 이틀을 꼬박 숙소에만 있자니 지루하기도 해서 놀이를 하기로 했답니다. 방 네 귀퉁이에 한 명씩 앉은 다음 한 명이 일어나 오른쪽 귀퉁이에 있는 사람을 터치하고 그 자리에 앉으면 터치 받은 사람이 일어나 자기 오른쪽 귀퉁이에 있는 사람에게로 가서 터치하고 그 자리에 앉는 식으로 계속 자리를 바꿔 앉는 놀이였지요. 한참을 그렇게 놀고 있는데 그중 한 명의 얼굴이 하얗게 질려서는 이렇게 말하더랍니다.
"얘들아, 이 놀이는 네 명이 할 수 있는 놀이가 아니야. 다섯 명이어야 해."
"진짜! 그럼 나머지 한 명은 누구지?"
이해가 되오? 잘 생각해 보기 바라오. 방 귀퉁이 넷에 사람 넷, 그런데 한 명이 더 필요한 이유를.

식은땀을 영어로는

cold sweat

욱수 받아놔야지.

I'm breaking out in a cold sweat.

❶ 식은땀이 나네.
I'm breaking out in a cold sweat.

❷ 밤에 식은땀을 흘리면서 일어났어.
I woke up in a cold sweat.

WENDY My husband wakes up at night in a cold sweat these days.
I'm worried about him.

CATHY That doesn't sound good. Has he seen a doctor?

WENDY He doesn't want to. He thinks he's Superman,
or something.

CATHY Tell him that Superman never breaks out in a cold sweat
at night.

웬디   우리 남편이 요새 자다가 식은땀을 흘리면서 일어나더라고. 사람 걱정되게.
캐시   안 좋은 현상 같은데. 병원에는 가 보셨어?
웬디   싫대. 자기가 슈퍼맨이나 뭐라도 되는 줄 알아요.
캐시   남편한테 슈퍼맨은 절대로 자다가 식은땀을 흘리지 않는다고 얘기해 줘.

DAD You're breaking out in a cold sweat. Are you OK?

SON No, I'm not OK. I'm so nervous about the test.

DAD Don't be nervous. I believe you'll do fine.

SON What if I don't pass? Are you going to kill me?

DAD No, I won't. But your mom will.

SON Dad, that doesn't help.

아빠   너 식은땀 흘리는구나. 괜찮니?
아들   아뇨, 하나도 안 괜찮아요. 시험 때문에 긴장돼서 죽겠어요.
아빠   걱정 마라. 시험 잘 볼 테니.
아들   만약에 합격 못 하면요? 절 죽이실 건가요?
아빠   아니, 내가 아니라 너희 엄마가 죽이겠지.
아들   아빠, 하나도 도움 안 되는 소리를 그렇게.

잉여 영어

101

개 발 꼬순내

개를 키우는 분들은 잘 아시겠지만, 개들 특유의 텁텁하고 메케한 발 냄새란 게
있소. 목욕을 잘 안 시켜서 그런가 싶어 아무리 씻기고 관리해도 이 발 냄새는
없애기가 참 힘드오. 이게 다 효모 진균 때문이랍디다. 이 박테리아가 축축한
발에서 기생하면서 그런 꼬질꼬질한 냄새를 풍기는 거라 하오. 해서 발을
씻기는 것보다 완벽하게 말리는 것이 더욱 중요하오만, 그래도 아예 없앨 수는
없는가 보오. 개를 키우는 동안엔 그저 안고 가야 할 문제 같더이다. 발가락
사이의 털이나 바싹 잘라 주고 젖었다 싶으면 드라이기로 열심히 말려 주는 게
상책이오.

이 꼬순내가 미국 콘칩, 특히 프리토스^{Fritos} 냄새랑 비슷하다 하여
영어로는 이리 말하오.

Frito feet

EXAMPLES

❶ 내 개한테서 발 꼬순내가 나.
My dog has Frito feet.

❷ 너희 집 개 발에서 콘칩 냄새가 나.
Your dog's feet smell like corn chips.

DIALOGUE 1

WENDY Does your dog have Frito feet? My dog does.
CATHY Of course she does. I think every dog has Frito feet.
WENDY Why is that? The smell drives me nuts.
CATHY It's because they have yeast infections in their paws,
          and it's pretty common for dogs.

웬디   너희 개한테서도 발 꼬순내 나니? 우리 개는 나는데.
캐시   당연히 나지. 발 꼬순내 안 나는 개는 없을걸.
웬디   왜 그러는 걸까? 그 냄새 때문에 아주 환장하겠어.
캐시   그게 효모 진균에 감염되어서 그런 건데, 개들한테는 흔하지.

- ~ drive me nuts ~가 나를 미치고 팔짝 뛰게 하다
- yeast 효모
- infection 감염
- paw '(개나 고양이의) 발'. 개한테 "손! 손 줘."라고 할 때 "Give me your hand."
  이러기만 해 보시오. 동물에겐 손이 없거늘. "Give me your paw." 이렇게 말해야 하오.

DIALOGUE 2

DOG OWNER Gosh, Browney. You have strong Frito feet. I can't
              stand it.
DOG   Woof, woof.
DOG OWNER Are you talking back to me? You should feel ashamed.
DOG   Woof, woof.

개 주인   아우, 브라우니, 너 발 꼬순내 한번 엄청나다. 못 참겠어.
개   멍멍.
개 주인   말대답하는 거냐? 창피한 줄 알아.
개   멍멍.

- feel ashamed 창피하다

102

둘이 먹다 셋이 죽어도 모를 맛

세월이 지나도 잊혀지지 않는 맛이 있소. 태국 재래시장 뒷골목 허름한
식당에서 먹었던 카오카무(족발 덮밥 같은 건데 완전 싸구려 현지인 음식이라 일반 식당에선
안 파오), 오랜만에 한국에서 먹었던 조개구이, 삶은 소라, 어린 시절 동네
중국집에서 먹었던 700원짜리 짜장면, 어느 지하철역 앞에서 팔던 양념
문어발(이거 먹다 턱이 빠졌더랬소), 고등학교 앞 분식점에서 팔던 국물 자작한 라볶이,
쫄볶이(가끔 바퀴벌레도 둥둥 떠 있곤 했소), 장소 불문하고 족발, 닭발, 돼지 껍데기,
곱창, 대창, 막창. 그중에서도 말이오, 어린 시절 엄마가 해 주시던 동태찌개,
오징어찌개가 제일 생각나더라, 이거요. 석유 곤로에 슬쩍슬쩍 구워내는 고소한
김은 또 어떻고요. 엄마가 해 주시던 음식들이야말로 둘이 먹다 셋이 죽어도
무를 최고의 맛이었소. 아~ 그립소이다!

둘이 먹다 셋이 죽어도 모를 맛을 영어로는

~ to die for.

'너무 맛있어서 죽어도 좋다'는 뜻이지요.
동양이나 서양이나 맛있는 거 먹다가
사람이 자꾸 죽어 나가오.

It's to die for!

합장을 해야 하나?

EXAMPLES

❶ 이 닭발, 둘이 먹다 셋이 죽어도 모를 맛이야.
These chicken feet are to die for.

❷ 이 오징어찌개, 둘이 먹다 셋이 죽어도 모를 맛이야.
This squid stew is to die for.

DIALOGUE 1

AMY	How are the chicken gizzards?
RON	They're to die for.
AMY	Oh, I'm glad you like them.
RON	You're an amazing cook.

에이미	닭똥집 맛이 어때?
론	둘이 먹다 셋이 죽어도 모르겠다.
에이미	어머, 맛있다니 다행이다.
론	너 요리 진짜 잘한다.

- chicken gizzard 닭똥집

DIALOGUE 2

WENDY	Do you want to try the restaurant that my husband and I always go to?
CATHY	What do they have?
WENDY	They have fresh seafood, and it's to die for.
CATHY	I love seafood. Let's go.

웬디	내가 우리 남편이랑 늘 가는 식당에 한번 가 볼래?
캐시	뭐가 있는데?
웬디	해산물을 파는데 정말 싱싱해서 둘이 먹다 셋이 죽어도 몰라.
캐시	나 해산물 되게 좋아하는데. 한번 가 보자.

- **What do they have?** 식당이든 가게든 거기서 뭘 파냐고 물을 때 쓰면 되오.

103

껌값이야

가격이 엄청 싸다는 것을 표현할 때, 우리는 껌을 갖다 붙이오. 껌 입장에서
보면 매우 굴욕적이고 수치스러운 일이 아닐 수 없겠으나, 껌의 팔자가 그런
것을 어쩌겠소? 어쨌거나 미국에 살다 보니 한국에 비해 미국에서 껌값인 것들,
미국에 비해 한국에서 껌값인 것들이 다르더이다. 일단 식료품, 식재료는 미국이
껌값이오. 특히 고기! 소인의 어머니가 미국에 오실 때마다 하시는 말씀이 "어머
어머, 여기는 웬 고기가 이렇게 싸니? 세상에, 웬일이니, 웬일이니?" 웬일인지는
모르겠고, 말씀하실 때 등 좀 때리지 않으셨으면 좋겠소. 허나, 수리비는 한국이
껌값이오. 구두 굽 한번 닳아 보시오. 한국에서는 몇천 원이면 될걸, 미국에서는
그냥 새로 한 켤레 사는 게 더 싸오. 그뿐이오? 컴퓨터든 방충망이든 세탁기든
일단 망가졌다 하면 몇백 달러는 기본이오. 부속품도 비싼 데다가 인건비 역시
욕 나오게 높아서 결국 욕이 나오오.

껌값을 영어로는

dirt-cheap

껌값도 아까워서 미국에서는 '먼지처럼 싸다'고 하오.

It's dirt-cheap.

EXAMPLES

1 이거 완전 껌값이네.
It's dirt-cheap.

2 이 중고 책, 완전 껌값이다.
This used book is dirt-cheap.

DIALOGUE 1

JACK Look at the price on this laptop. Can you believe it?
BOB Wow! The i7, 8th generation is only $300 after 60 percent off?
JACK And this is a top brand. It's **dirt-cheap** for what it is.
BOB I'm going to buy it.

잭 이 노트북 컴퓨터 가격 좀 봐. 믿어지냐?
밥 와! i7에 8th 제너레이션인데 60% 할인해서 300달러밖에 안 한다고?
잭 게다가 최고급 브랜드야. 이런 컴퓨터가 겨우 이 가격이면 껌값이지.
밥 나 살래.

- ~ percent off 몇 퍼센트 할인이다
  ex It's 30 percent off. 30% 할인입니다.

- top brand 알아주는 상표, 고급 브랜드

- for what it is ~ 치고는, ~에 비해서
  ex It's cheap for what it is. 물건에 비해서 싼 거지.
  It's pretty useful for what it is. 이런 것 치고는 꽤 쓸모가 많네.

DIALOGUE 2

DAUGHTER Mom, I got this for you on my trip.
MOM Oh, I love this necklace. I hope you didn't spend too much on this.
DAUGHTER Don't worry, Mom. It was **dirt-cheap**.
MOM Thank you so much, hon.

딸 엄마, 여행 갔다가 엄마 드리려고 이거 샀어요.
엄마 어머, 이 목걸이 아주 마음에 든다. 이거 산다고 돈 많이 쓴 게 아니었으면 좋겠는데.
딸 걱정 마세요, 엄마. 엄청 싼 거니까요.
엄마 고맙다, 얘.

104

엄친아 / 엄친딸

얼굴도 예뻐, 몸매도 좋아, 공부도 잘해,
거기다가 성격까지 좋은 여자를 일컫는 삼자성어는?
엄친딸!

얼굴도 잘생겨, 키도 커, 머리도 좋아, 직장도 좋아,
거기다가 남자답기까지 한 남자를 일컫는 삼자성어는?
엄친아!

그래, 느그들 잘났다. 그런데 그거 아시오? 나도 나 나름대로 엄친아, 엄친딸
맞소. 잘 보시오.
"너, 엄마 친구 아들 아무개 알지? 걔가 여태껏 직장을 못 구했단다. 하긴 인물이
있니, 학벌이 있니? 그럴 만도 하지 뭐."
"너, 엄마 친구 딸 아무개 알지? 걔가 그렇게 공부를 못한단다. 인물도 별로고
몸매도 별로인 데다가 성격도 더럽다던데, 쯧쯧."

창의력을 발휘하여 조금만 생각의 틀을 바꾸면 나도 엄친아, 엄친딸 맞소이다.
아무튼, 마지막 퀴즈 나가오. 엄친아, 엄친딸을 일컫는 영어는?

the whole package

She is the whole package.

EXAMPLES

① 걘 엄친아야.
He is the whole package.

② 걘 엄친딸이야.
She is the whole package.

DIALOGUE 1

MOM Hon, do you remember my friend's daughter, Kristie?

DAUGHTER No, I don't even know who that is.

MOM Anyway, she's so smart, pretty, and sweet. Also, she's such a hard worker and she made it to a top college this year. She's the whole package.

DAUGHTER Well, yeah. I think you are trying to say she is totally different than me.

엄마 얘, 너 엄마 친구 딸 크리스티 기억나니?
딸 아니, 그게 누군지도 모르는데.
엄마 아무튼 걔는 애가 어쩜 그렇게 똑똑하고 예쁘고 착한지. 게다가 공부도 열심히 해서 이번에 최고 명문대 들어갔잖니. 그야말로 엄친딸이지.
딸 뭐, 그렇네. 엄마는 걔가 나랑은 완전 딴판이란 말을 하고 싶은 것 같군.

- hard worker 일이든 공부든 뭐든 열심히 하는 사람

DIALOGUE 2

JACK Gosh, my mom drives me crazy.

BOB What now?

JACK She keeps talking about how perfect her friend's son Russel is. Russel is so handsome, Russel is so smart, Russel is the whole package, yada, yada, yada.

BOB That guy Russel sounds like me, dude.

JACK Get out of here.

잭 아우, 우리 엄마 때문에 미치겠어.
밥 왜 또?
잭 러셀이라는 엄마 친구 아들이 얼마나 완벽한지 끊임없이 말하잖아. 러셀은 잘생겼다, 러셀은 똑똑하다, 러셀이야말로 엄친아다, 어쩌고저쩌고.
밥 야, 그 러셀이라는 애, 완전 나 같은가 보다.
잭 집어치워.

- What now? 왜 또? / 또 뭐?
- yada, yada, yada. 어쩌고저쩌고.
- Get out of here. "꺼져", "나가" 등 거친 표현으로 쓰이는 경우도 있지만, 친한 사이에 농담조로 "집어치워", "말도 안 돼"란 뜻으로도 잘 쓰이오.

105

음 이탈 / 삑사리

음 이탈, 전문 용어로는 삑사리라 하오만. 오래전에 한 그룹의 일본인 멤버가
공연 중에 삑사리를 내고는 쑥스러운 듯 한국말로 "미안해~"라고 외친 적이
있었소. 이렇듯 직업이 가수인 사람들도 삑사리가 나는 판에 일반인들이야
오죽하겠소? 그 옛날, 소주 한 잔 걸치고 노래방으로 달려가 미친 듯이 노래를
불렀던 생각이 나오. 그 수많았던 삑사리들! 아낌없이 쏟아지던 친구들의 야유와
비난! 삑사리를 면해 보고자 고음 부분에서는 뭔가 생각난 듯 친구에게 말을
걸거나 딴청을 피우던 찌질함! 그걸 또 그냥 보아 넘기지 아니하고
콕 집어내는 잔인함! 그게 아니라고 박박 우기는 구차함! 아~ 정말 아름다운
시절이었소.

음 이탈, 삑사리 혹은 악기의 음이 잘 안 맞는 것을 영어로는

out of tune

EXAMPLES

❶ 쟤 삑사리 났네.
He's out of tune.

❷ 우리 집 피아노 음이 안 맞아.
Our piano is out of tune.

DIALOGUE 1

WENDY I'm really disappointed with the concert tonight.

CATHY Same here. All the instruments were out of tune.

WENDY I understand that they aren't professional musicians, but it seems like they haven't practiced enough.

CATHY I know. I don't think they took the concert seriously.

웬디   오늘 밤 콘서트 정말 실망스럽네.

캐시   그러니까. 악기마다 음도 하나도 안 맞고.

웬디   음악을 직업적으로 하는 사람들이 아니라는 건 이해하겠는데, 아예 연습도 충분히 안 한 것 같더라고.

캐시   그러게. 콘서트에 신경을 안 쓴 것 같더라.

• take ~ seriously 뭔가를 진지하게 대하다, 신경을 쓰다

DIALOGUE 2

JACK Havana, ooh na-na~ Half of my heart is in Havana, ooh-na-na~.

BOB Hey, man, you're singing out of tune. Cut it out.

JACK What are you talking about? I'm in tune, man.

BOB It's painful to listen to you.

잭   하바나 우나나~ 해펍 마 할티즈 인 하바나 우나나~

밥   야, 계속 삑사리 나잖아. 그만 불러.

잭   뭔 소리야? 음만 딱딱 잘 맞는구만.

밥   듣기 괴롭다고.

• Cut it out. 그만해.
• in tune 음이 잘 맞는, 조율이 잘 된
• It's painful to ~ ~하기가 괴롭다

106

식탐

"넌 아무래도 전생에 굶어 죽었나 보다. 안 그러고선 이럴 수가 없어."
살면서 제일 많이 들은 말이 이 말이오. 타고난 식탐이 혜안을 흐리고 성정을
어지럽혀 음식 앞에서 폭군으로 돌변하니 나라가 도탄에 빠지고 백성들의
원성이 하늘을 찌르도다.
한번은 이런 일이 있었소. 미국에 오기 전, 남편과 함께 외국인을 대상으로 하는
베트남 단체 관광에 참여했더랬는데, 인원이 그리 많지 않아 끼니마다 큰 식탁
하나에 다 같이 둘러앉아 식사를 하였지요. 음식을 가운데 두고 각자 조금씩
덜어서 먹었는데, 식탐이 유별난 소인과 그에 버금가는 캐나다 아줌마가 식사
때마다 서로 눈을 부라리며 누가 더 빨리, 더 많이 먹나 아귀다툼을 벌였지 뭐요.
둘이 서로 얼마나 미워했는지, 여행 중 한마디도 나누질 않았소. 베트남에서
어딜 가고 뭘 봤었는지는 하나도 기억에 없고 오직 뭘 얼마나 먹있는지만
기억나오만, 남편은 그 여행을 평생 가장 배고팠던 여행으로 기억하고 있습디다.
소인과 캐나다 아줌마 땜시 아무것도 못 먹었다 하오.

이렇듯 민생을 도탄에 빠트리는 식탐이 강하다는 것을 영어로는

~ obsessed with food

He is obsessed with food.

EXAMPLES

① 내 딸이 식탐이 그렇게 강해.
My daughter is obsessed with food.

② 넌 왜 그렇게 식탐이 강하니?
Why are you so obsessed with food?

DIALOGUE 1

HUSBAND Hon, do we have any pizza left?
WIFE Will you stop eating? You just finished a whole chicken.
HUSBAND I'll stop eating after the pizza.
WIFE You are so obsessed with food. It can't be healthy.

남편 자기야, 피자 남은 것 좀 있어?
아내 그만 좀 먹을 수 없어? 방금 닭 한 마리 다 먹어 놓고.
남편 피자만 먹고 그만 먹을게.
아내 자기는 식탐이 너무 강해. 건강에 좋을 리가 없다고.

• obsessed with 식탐뿐 아니라 무엇에든 지나치게 집착한다 싶을 때 쓰면 되오.
 ex She's obsessed with BTS. 그 애는 BTS에 미쳤어.

DIALOGUE 2

WENDY You know my aunt has been obsessed with food her whole life, and now she needs medical help.
CATHY Is she obese?
WENDY Yes. She's obese and she has diabetes.
CATHY Does she exercise at all?
WENDY My mom wouldn't worry if she did.

웬디 우리 이모, 평생 식탐이 그렇게 강하더니 이젠 의료 기관의 도움이 필요할 지경이란다.
캐시 비만이셔?
웬디 응. 비만에 당뇨에.
캐시 운동은 전혀 안 하시고?
웬디 그랬으면 우리 엄마가 걱정도 안 하셨지.

• medical help 의료 기관의 도움
• obese 뚱뚱한, 살찐, 비만인
• diabetes 당뇨

107

별미

사전적 의미로는 쉽게 맛보기 어려운 아주 좋은 맛을 별미라고 하니, 그렇게
따지자면 소인에게는 거의 모든 한국 음식이 별미인 셈이오. 미국에, 그것도
한인 슈퍼마켓 하나 없는 지역에 살고 있으니 한국에서는 전화 한 통이면
배달될 음식들도 소인에게는 쉽게 맛보기 어려운 별미인 게지요. 오밤중에 시켜
먹는 족발, 양념 치킨, 저녁 무렵 슬리퍼 질질 끌고 나가 동네 식당에 앉아 구워
먹는 돼지 껍데기, 눈물 콧물 다 흘리면서도 마지막 한 점까지 다 먹어야 직성이
풀리는 매운 닭발, 퇴근길에 둘러앉아 지글지글 구워내는 곱창, 대창, 막창,
바닷가에 놀러 가서 바다는 안 보고 목장갑 끼고 앉아서 구워 먹는 각종 조개.
이 모든 것이 소인에게는 별미인 게지요. 참으로 짠하지 않소?

별미 를 영어로는

a delicacy

It's a delicacy!

무엄하다 !

❶ 달팽이 요리가 아주 별미군.
The escargot is a delicacy.

❷ 이 집 족발이 아주 별미네.
Their pig feet are a delicacy.

> **여기서 잠깐!** › Their pig feet are a delicacy.에서 are과 a, 복수와 단수가 어떻게 같이 쓰이냐꼬, 작가가 실력 없다꼬 욕하지 마시오. 맞는 문장이오. 실제로 이래 쓰이오.

JACK Let's try fugu.
BOB Hell, no. I heard that fugu is poisonous.
JACK It is, but the cooks take care of it. Fugu is a real delicacy.
BOB I don't care. I'm not going to die today.

잭 복어 먹자.
밥 절대 안 먹어. 복어에 독 있다고 했단 말이야.
잭 그렇긴 한데, 요리사들이 다 알아서 하지. 복어야말로 별미라고.
밥 됐어. 난 오늘 죽고 싶은 마음 없거든.

- fugu 복어
- ~ is poisonous ~에 독이 있다

RON You should try fried tarantula.
AMY Try what?
RON I know it sounds horrible, but it's a delicacy. I tried it on a business trip to Cambodia, and I liked it.
AMY You sound like a caveman. Disgusting!

론 튀긴 거미 한번 꼭 먹어 봐.
에이미 뭘 먹으라고?
론 끔찍하게 들린다는 건 아는데, 이게 정말 별미야. 캄보디아로 출장 갔을 때 먹어 봤는데 맛있더라고.
에이미 원시인이 따로 없구나. 아우, 구역질 나!

- business trip 출장
- caveman 원시인, 미개인
- disgusting 역겨운, 구역질 나는

108

롱다리

콰이 강의 다리, 퐁네프의 다리, 매디슨 카운티의 다리, 한강 다리. 유명하고 좋은 다리들은 쌔고 쌨으나 다리 하면 뭐니 뭐니 해도 롱다리가 최고요. 아무리 예쁘고 잘생겨도 다리 짧으면 용서가 안 된다는 선현들의 말씀이 괜히 있는 게 아니요. 다리는 일단 기~일~고 봐야 하오. 소인이 여태껏 보아 온 다리 중 가장 긴 다리는 탤런트 강소라 씨의 다리요. 강소라 씨가 아직 단역이던 시절의 드라마를 보다가 숨이 턱 멎는 줄 알았지 뭐요. 얼굴도 단아하고 예쁜데 반바지 밑으로 끝없이 펼쳐진 다리를 보고 놀라움을 금할 길 없었소. 하여 그때부터 강소라 씨를 눈여겨봤소이다. 세월이 흘러도 그녀의 다리 길이는 여전히, 길으면 기차, 기차는 빠르오. 이게 뭔 소린가 못 알아들으시는 분들! 그대들이 젊다는 증거요.

롱다리를 영어로는

~ all legs

'몸에 다리밖에 없다'는 화끈한 표현 되시겠소.

롱다린데
왜 안부러울까?

He's all legs.

EXAMPLES

❶ 쟤 롱다리야.
She's all legs.

❷ 강소라, 완전 롱다리야.
강소라 is all legs.

DIALOGUE 1

WENDY Did you see that girl?
CATHY The one who just walked by?
WENDY Yeah. Did you see how long her legs were?
CATHY Yeah. She's all legs.

웬디   저 여자애 봤어?
캐시   방금 옆으로 지나간 애?
웬디   응. 다리가 얼마나 긴지 봤어?
캐시   응. 롱다리더라.

DIALOGUE 2

JACK I like these jeans. What do you think?
BOB Do you want me to be honest? They make your legs look short.
JACK What are you talking about? I'm all legs.
BOB Whatever.

잭   이 청바지 마음에 든다. 네 생각은 어때?
밥   솔직하게 말해? 다리가 짧아 보여.
잭   무슨 소리야? 내가 얼마나 롱다린데.
밥   맘대로 생각해라.

• **Whatever.** 상대하기 귀찮을 때 "어쨌든", "맘대로 생각해" 정도의 뜻으로 활용해 주시오.

109

갑자기 뭐가 먹고 싶을 때 /
확 당길 때

갑자기, 불현듯, 난데없이, 뜬금없이 뭐가 먹고 싶을 때가 있소. 꼭 임신부가
아니어도 스트레스를 많이 받아서 갑자기 단것이 당길 수도 있고, 텔레비전을
보다가 떡볶이가 당길 수도 있는 일이오. 소인 같은 경우 문어발, 족발, 닭발
(내 발 빼고 남의 발이면 다 좋소), 대창, 곱창, 막창 (유리창 빼고 다 먹소) 이런
것들이 땡겨도 너~무 땡기오. 너무 먹고 싶어서 골까지 땡기는 기분을 그대들이
아시오? 그저 이역만리 타향살이하는 이의 설움이지요. 그나저나 지금 이 순간
여러분은 무엇이 땡기시오?

갑자기 뭐가 먹고 싶다고 할 때, 이걸 영어로는

have a craving for ~

craving이라 함은 '열망, 갈망'이란 뜻으로 우리의 갑작스런 식욕을 잘 대변하는
단어라 볼 수 있소.

EXAMPLES

❶ 피자가 먹고 싶어.
I have a craving for pizza.

❷ 갑자기 딸기가 먹고 싶대.
She has a craving for strawberries.

DIALOGUE 1

SON Mom, I have a craving for something sweet.
MOM You already had enough today.
SON I only had a chocolate bar and hot cocoa today.
MOM That's more than enough.

아들 엄마, 뭔가 달달한 게 먹고 싶어.
엄마 단 건 오늘 충분히 먹었어.
아들 겨우 초콜릿 바 하나랑 코코아 한 잔 마신 게 단데.
엄마 그 정도면 충분하고도 남아.

- cocoa 한국에서는 [코코아]라고 발음하지만, 영어 발음은 [코코]라오.
- That's more than enough. '충분하고도 남는다.'는 뜻으로 자주 쓰이오.

DIALOGUE 2

JACK Should we order Chinese food? I have a craving for something greasy.
BOB This late?
JACK It's not even midnight, yet.
BOB You're crazy. Go look in the mirror and think it over.
JACK I looked in the mirror and thought it over. I want Chinese food.

잭 우리 중국 음식 시켜 먹을까? 뭔가 느끼한 게 먹고 싶네.
밥 이렇게 늦은 시간에?
잭 아직 자정도 안 됐는데, 뭐.
밥 미쳤구나. 가서 거울 좀 보고 와서 다시 생각해 봐.
잭 거울 보고 다시 생각해 봤는데, 중국 음식이 먹고 싶어.

- greasy 기름기가 많은
- Think it over. 다시 생각해 봐.

110

먼지만 쌓이는
쓸모없는 물건

언젠가 친구에게 사람보다 더 큰 곰 인형을 선물한 적이 있었소. 25년 전
3만 원이면 제법 큰돈이었는데 그 돈으로 먹지도 못할 곰 인형을 사는 우를
범하고 만 것이지요. 젊음이란 이토록 무모하고 어리석은 것이라오. 아무튼,
곰 인형을 받은 친구는 매우 기뻐했고 소인의 마음도 뿌듯했지요. 한데,
그 일로 인해 친구 부모님께 미운털이 박히고 말았지 뭐요.
"아니, 여섯 식구 살기도 좁아터진 집에 이게 다 뭐야? 먼지만 쌓이지 하등
필요도 없는 이딴 걸 왜 가지고 들어와? 뭐? 누가 사 줬다고? 걔는 왜 이런 걸
사주고 난리라니? 도로 갖다줘!"
친구 부모님의 마음을 이제 알겠소.

먼지만 쌓이는 필요 없는 물건을 영어로는

a dust collector

먼지 빨아들이는 '집진기'를
말하는데 집진기처럼 먼지만
잔뜩 모이게 한다는 뜻으로
이리 표현하오.

It's a dust collector.

① 이 램프는 어쩜 이렇게 먼지가 잘 쌓이는지.
This lamp is such a dust collector.

② 저 곰 인형은 먼지만 쌓이지 하나 쓸모가 없어.
That teddy bear is nothing but a dust collector.

MOM   Can I throw these stuffed animals away?
DAUGHTER No, Mom. They are precious to me.
MOM   Your precious stuffed animals are big dust collectors.
DAUGHTER But they are cute.

엄마   이 동물 인형들 좀 다 버려도 될까?
딸   안 돼, 엄마. 내가 얼마나 아끼는 애들인데.
엄마   네가 그렇게 아끼는 애들이 쓸모도 없이 먼지만 뽀얗게 뒤집어쓰고 있잖니.
딸   그래도 예뻐.

- precious '소중한, 귀중한'이란 뜻이오. 영화 <반지의 제왕>에서 골룸이 하도 외쳐대는
  바람에 누구나 이 단어 뜻 하나만은 확실히 알고 있을 거라 사려되오.

HUSBAND Hon, where did my books go? They're gone.
WIFE   You don't need them, do you?
HUSBAND Not that I need them. I'm just wondering where they are.
WIFE   They were nothing but dust collectors, so I moved them
             to the attic.

남편   여보, 내 책이 다 어딜 갔지? 없어졌네.
아내   필요한 건 아니죠?
남편   필요한 건 아닌데, 어디로 갔나 궁금해서 그러지.
아내   필요도 없이 먼지만 잔뜩 쌓이길래 다락으로 옮겨 놨죠.

- attic 다락(방)

111
소리 없는 방귀가
더 구리다

미국에 오자마자 나이 많은 개를 맡아 키우게 되었는데 명석한 두뇌에
14년이라는 연륜이 더해져 속이 빤~한 것이, 거의 사람이나 진배없는 개였소.
어느 날, 남편과 거실에 퍼져 앉아 느긋하게 오후를 즐기고 있는데, 이 늙은
개가 갑자기 벌떡 일어나서는 쏜살같이 부엌 쪽으로 달려가는 게 아니겠소?
나이가 많아 움직임이 둔한 개가 그야말로 바람과 함께 사라졌더이다. 그러더니
저만치에서 고개만 빼꼼히 내밀고 우리를 쳐다보더라 이 말이오.
"쟤 왜 저래?"
"글쎄, 갑자기 왜 저러⋯⋯!!! 아우, 이게 무슨 냄새야?"
그렇소. 그 영악한 개가 소리 없이 방귀를 뀌고 나서 냄새가 퍼지기 전, 저만
살겠다고 줄행랑을 친 것이라오. 제 식구들은 뇌 손상을 입건 말건 혼자
살겠다고 말이요. 오~ 그때 느꼈던 배신감이여! 내가 이 꼴을 보자고 너를
거뒀더냐? 아무튼, 사람이든 동물이든 소리 없는 방귀는 구려도 너무 구리오.

소리 없는 방귀가 더 구리다를 영어로는

Silent but deadly.

'조용한, 그러나 치명적인' 방귀
냄새라는 거 아니겠소? 아주 구려서
못 살겠소.

Silent but deadly.

WIFE	Oh, gosh! Something stinks. Is that you?
HUSBAND	Yeah. I'm sorry. I'll open the window.
WIFE	Silent but deadly.
HUSBAND	I should have gone outside.

아내	세상에! 이게 무슨 냄새래. 혹시 당신이야?
남편	응. 미안. 내가 창문 열게.
아내	소리 없는 방귀가 더 구리다더니.
남편	밖에 나가서 뀔 걸 그랬네.

- stink '안 좋은 냄새가 난다'는 말이오. 묻지도 따지지도 말고 이 단어를 잘 봐 두시오. 곧 이유를 알게 될 것이외다.

JACK	Dude, I'm so sorry.
BOB	Sorry for what?
JACK	You'll see.
BOB	Dang it! What is this stinky smell?
JACK	I told you I'm sorry.
BOB	That fart was silent but deadly. I think I have brain damage.

잭	야, 진짜 미안하게 됐다.
밥	미안하긴 뭐가?
잭	곧 알게 될 거야.
밥	이런! 무슨 냄새가 이렇게 구려?
잭	그래서 미안하다고 했잖아.
밥	소리 없는 방귀가 더 구리다고. 나 아무래도 뇌 손상을 입은 것 같아.

- stinky 악취가 나는, 지독한
- brain damage 뇌 손상

112

수상해 / 냄새가 나 / 영 별로야

범죄 영화나 수사물을 보면 경력이 많은 강력계 형사가 이런 말을 하는
장면이 있소.
"수상해. 뭔가 냄새가 나."

막장 드라마를 보면 회식 핑계, 출장 핑계, 온갖 핑계로 집에 잘 안
들어오는 남편을 두고 아내가 이런 말을 하는 장면이 있소.
"수상해. 뭔가가 있어."

전에 살던 도시에 아주 친하게 지내던 미국 친구가 있었는데 하교 후
아이들을 데리고 늘 함께 공원에 갔었더랬소. 소인이 이사 온 후
그 친구가 이런 문자를 보냈더이다.
"너희가 없으니까 공원도 영 별로네."

이렇게 뭔가 미심쩍고 수상하거나 영 별로일 때
쓰는 영어 표현이 바로

stink

이래서 111과에서 묻지도 따지지도 말고
잘 봐 두라고 했던 거요.

EXAMPLES

❶ 뭔가 냄새가 나.
Something stinks.

❷ 너희가 없으니까 공원도 영 재미가 없네.
The park stinks without you guys.

DIALOGUE 1

COP 1   We caught the murderer, and now the case is closed.
We did it again, my friend.
COP 2   Something is not right. Something stinks.
COP 1   What are you talking about? We cracked the case, and
we're going to be promoted.
COP 2   No, I have a gut feeling that the real murderer is
somewhere out there laughing at us.

경찰 1   살인범도 잡았고, 사건도 마무리됐고, 우리가 또 한 건 했어, 친구.
경찰 2   아무래도 이상해. 뭔가 냄새가 나.
경찰 1   무슨 소리야? 사건 해결해서 진급이 눈앞에 있는데.
경찰 2   아니야, 내 육감으로는 진범이 어딘가에서 우리를 비웃고 있는 게 확실해.

• The case is closed. 사건이 종결되다[마무리되다].
• crack the case 사건을 해결하다

DIALOGUE 2

AMY   This party stinks. I don't like the music.
RON   Me neither.
AMY   Should we leave?
RON   Yeah. Let's go to a bar and get a drink. Just you and me.

에이미   이 파티 영 마음에 안 드네. 음악이 이게 뭐야.
론   나도 별로.
에이미   우리 그냥 갈까?
론   그러자. 바에 가서 둘이서 한잔하지, 뭐.

• 제대로 받아치기
A: I like it. 마음에 들어.   B: Me, too. 나도.
A: I don't like it. 마음에 안 들어.   B: Me, neither." 나도.

113

철 좀 들어라

요새 아재 개그라 불리는 시답잖은 우스갯소리들이 소인이 젊었을 때 유행하던
것들이오. 그때는 정말 웃겼소이다만, 세월이 흐르고 흘러 이리 천대를 받는구려.
더 웃긴 건 젊은이들의 괄시 속에서도 한 떨기 잡초마냥 꿋꿋하니 잘도
버틴다는 거요. 우리 세대의 저력이라고나 할까요? 아무튼, 아재 개그 중
이런 것이 있었소. 철이 덜 든 철부지들을 보내 철들게 하는 도시는? 포항!
포항제철이 있응께~~ 헐헐헐헐. 무척 구리다는 거, 나도 아오.
그럼 여기서 영어 문제 나가오. 철 좀 들어라를 영어로는?

Grow up!

iron이니, lift니 했던 분들 이리 다 나오시오. 오늘은 간단하게 딱밤 한 대씩 맞고
가십시다. 자~ 시원허니 이마들 까 보시오. 그럼 갑니다. 빠샤~

DIALOGUE 1

SON Mom, why can't we buy a big house? Our house is old and small.

MOM We are comfortable in our house. Why do we need a big house?

SON My friend Rick moved into a nice mansion. I want to live in a house like that.

MOM Hey, you need to grow up.

아들 엄마, 우린 왜 큰 집으로 이사 가면 안 돼? 우리 집은 낡고 좁잖아.

엄마 편하기만 하구만. 왜 꼭 큰 집에서 살아야 해?

아들 내 친구 릭은 엄청 좋은 저택으로 이사 갔단 말이야. 나도 그런 집에서 살고 싶어.

엄마 얘, 철 좀 들어라.

- mansion 저택

DIALOGUE 2

JACK What are you doing, man?

BOB I'm leaving mean comments on every single post on Ben's Facebook page.

JACK That's terrible. Why are you doing that?

BOB He left a mean comment about my girlfriend's pic on my Facebook page.

JACK Grow up, man.

잭 뭐 하냐?

밥 벤의 페이스북 포스팅마다 독한 댓글을 달고 있는 중이야.

잭 그런 짓을 하다니. 대체 왜 그러는데?

밥 걔가 내 페이스북에 올린 내 여자 친구 사진에다 나쁜 댓글을 달아 놨거든.

잭 야, 철 좀 들어라.

- pic 'picture(사진)'을 짧게 이리 말하오.

114

내부 고발자

<내부 고발자>라는 영화도 있었던 것으로 기억되오만. 이 내부 고발이라는
것이 쉽지가 않은가 보더이다. 안에서 일어나는 부정부패, 불합리한 처사를
고발하는 것도 보통 용기가 아니거늘, 그렇게 용기 내어 고발해도 문제가
해결되기는커녕, 고발한 사람만 불이익을 당하더이다. 자의인 척 쫓겨나는
것으로도 모자라 차후 다른 직장도 구할 수 없도록 매장당하는 것이 대부분의
경우라 하니 누가 앞장서 옳은 일을 하겠소? 안 잘리고 싶으면 그저 보고도 못
본 척, 듣고도 못 들은 척, 조용히 있으라는 게지요. 참 슬프고도 화나는 일이오.

내부 고발자를 영어로는

whistleblower

호루라기^{whistle}를 부는 사람^{blower}.
중간에 띄어 쓰지 않고 이리 쭉 붙여서 쓴다오.

EXAMPLES

❶ 그 사람이 내부 고발자야.
He is a whistleblower.

❷ 그 사람이 자기 상관을 고발했잖아.
He blew the whistle on his boss.

DIALOGUE 1

JACK So was it the managing director who sold your company's trade secret?
BOB Yeah. It was him.
JACK Are you going to be the whistleblower?
BOB Hell, no. I need my job. Why would I do that?

잭 그러니까 전무님이 회사 기밀을 빼돌린 바로 그 사람이라는 거야?
밥 응. 그렇다니까.
잭 네가 고발할 거야?
밥 아니. 나도 벌어 먹고살아야지. 내가 왜 그런 짓을 하겠냐?

• company's trade secret 회사 기밀
• Why would I do that? 내가 왜? / 내가 왜 그런 짓을?

DIALOGUE 2

WENDY Are you really going to blow the whistle on your manager?
CATHY Yeah. He's been stealing company funds for years.
WENDY Why does it have to be you? Aren't you scared?
CATHY Well, someone has to do it.

웬디 너 진짜로 너희 과장님을 고발할 거야?
캐시 응. 회삿돈을 몇 년 동안 계속 빼돌려 왔다니까.
웬디 그걸 왜 네가 해야 해? 겁나지 않아?
캐시 뭐, 누군가는 해야 할 일이니까.

• fund 자금, 돈

247

115

의자 밀어 넣어 /
셔츠 자락 바지 안으로 집어넣어

집에서건 식당에서건 도서실에서건, 책상이나 식탁에 앉았다 일어나면서 의자를
다시 밀어 넣지 않는 사람들이 있소. 아름다운 사람은 앉았던 자리도 아름답다는데,
아름답지 않은 이들이 너무 많소. 조금만 예의를 지키면 모두가 편하고 좋을 텐데
말이오. 또한, 단정치 못하게 셔츠 자락을 반은 넣고 반은 밖으로 빼고 다니는
사람들도 있소. 이 역시 전혀 아름답지 않소이다. 허리춤을 확 낚아채서
효자손으로 셔츠 자락을 꾹꾹 눌러 담아 주고 싶은 충동이 드오.
옷 좀 단정하게, 껄렁껄렁하지 않게 잘 입읍시다.

의자를 밀어 넣는다거나, 셔츠 자락을 바지 안으로 집어넣는다는 것을 영어로는

tuck in ~

Tuck in your shirt.
Tuck in your chair.

EXAMPLES

❶ 의자 밀어 넣어.
Tuck in your chair.

❷ 셔츠 자락 안으로 집어넣어.
Tuck in your shirt.

DIALOGUE 1

MOM	Sweetie, didn't you forget something?
SON	I don't think so.
MOM	You forgot to tuck in your chair.
SON	What's the big deal, Mom?

엄마	얘, 너 뭐 잊은 거 없니?
아들	없는 것 같은데요.
엄마	의자 밀어 넣는 걸 잊었잖아.
아들	엄마, 그게 뭐 그리 대수라고요?

- sweetie honey와 같은 뜻으로 '자기야, 애야'

DIALOGUE 2

JACK	Dude, why don't you pull up your pants and tuck in your shirt?
BOB	This is the trend these days. You don't understand fashion.
JACK	I think I understand fashion. That's called homeless fashion.
BOB	You sound like my grandpa. I think you were born in the wrong era.

잭	야, 바지 좀 끌어 올리고 셔츠 자락 좀 집어넣으면 안 되냐?
밥	이게 요새 유행이란 거다. 패션에 대해 뭘 알아야지.
잭	내가 패션을 좀 알지. 그게 바로 노숙자 패션이란 거잖냐.
밥	꼭 우리 할아버지처럼 말하네. 아무래도 넌 시대를 잘못 타고 태어났지 싶다.

- homeless 노숙자
- era '시대', 발음은 [에라]이나 배우 신애라 씨를 말하는 건 아니오.

116

탁자에 남은 컵 자국

나무 재질의 식탁이나 탁자에 뜨거운 컵, 혹은 아주 차가운 그릇 등을 오랫동안
올려놓았다가 치우면 용기 바닥 모양대로 동그란 자국이 남소. 문제는 이
자국을 없애기가 쉽지 않다는 것이지요. 미국에 와서 한때 친하게 지내던 친구
집에 8천 달러짜리 식탁이 있었소. 뭔 나무로 만들었다던가? 하도 오래되어
기억이 가물가물한 마당에도 가격만은 정확히 기억하고 있소. 식탁 하나에 거의
천만 원 돈이라니 기가 막혔던 게지요. 그런데 그 아리따운 식탁 위에 동그란
컵 자국이 하나 나 있습디다. 여기저기 알아보니 마요네즈를 발라서 문질러라
어째라 하는데 식탁이 워낙 고가라 함부로 손댈 수도 없고. 결국, 전문 업체를
찾아 문의한 결과 컵 자국 제거에 400달러나 든다는 비보를 전해 들었다오.
이래서 가구는 싸고 가벼운 플라스틱이 최고지요. 그릇도 마찬가지요.
비싼 사기 그릇 사지 말고 싸고 튼튼한 스뎅~ 사시오, 스뎅~!

컵 자국을 영어로는

ring

일본 귀신 영화 <링>이
생각나는구려. cup ring이라
해도 되오만 보통은 그냥
ring이라고만 하오.

It left a ring.

워쩌….

EXAMPLES

❶ 컵 자국 남았잖아.
It left a ring.

❷ 그러다 자국 남아.
It will leave a ring.

DIALOGUE 1

WIFE	Can you take this to the dining table?
HUSBAND	Sure.
WIFE	No, no. Use a coaster.
HUSBAND	Why?
WIFE	Otherwise, it will leave a **ring**.

아내	이것 좀 식탁으로 가져다줄래?
남편	응.
아내	아니, 아니. 받침대를 깔아야지.
남편	왜?
아내	안 그러면 식탁에 자국 남아.

- coaster 롤러코스터가 아니오. '냄비 받침대, 컵 받침대' 등을 말하는 거요.
- otherwise 그렇지 않으면, 안 그러면

DIALOGUE 2

WENDY	I wish I could get rid of this **ring** on my dining table.
CATHY	I heard that toothpaste helps.
WENDY	I already tried that. It didn't work.
CATHY	How many times did you try? You might need to repeat it several times.

웬디	식탁에 이 자국 좀 없앨 수 있었으면 좋겠어.
캐시	치약으로 하면 지워진다던대.
웬디	벌써 해 봤지. 소용없어.
캐시	몇 번이나 해 봤는데? 여러 번 반복하면 될지도 모르지.

- get rid of 제거하다, 없애다
- repeat 행동이든 뭐든 계속 반복하는 것을 말하오.
- several times 여러 번

117

무더위 / 불볕더위

한여름의 무더위, 불볕더위. 정말 불청객이 따로 없소. 소인이 경험한 최악의
무더위는 1991년 네덜란드와 1999년 홍콩에서였소. 몇십 년 만의 더위라던가?
네덜란드에서 토마토 주스를 사서 마시는데 이게 웬 케첩? 토마토 주스가
달궈지면 케첩으로 승화한다는 것을 그날 처음 알았소이다. 증~말 욕 나오게
더운 날이었소. 아, 참고로 소인은 당시 고등학생이었던 고로 토마토 주스처럼
건전한 음료를 즐겨 했었소이다. 홍콩에 갔을 때도 몇십 년 만의 더위라 했소.
호텔을 나서는 순간, 온몸에서 땀이 비 오듯 하니 관광지를 돌아본들 무엇
하나 눈에 들어왔겠소? 그저 내가 여긴 왜 왔을까? 왜 하필 이때 여길 와서 이
고생일까? 신세 한탄만 오지게 하다 돌아왔소이다. 그러고 보니 1990년대를
무더위로 열고 무더위로 닫았구려. 대체 뭔 팔자인지.

<mark>무더위</mark>, <mark>불볕더위</mark>를 영어로는

heat wave

그 옛날 팝송에도 <Heat Wave>라는 노래가 있었소.
들어 보면 '아~ 이 노래?' 할 거요. 단, 그대의 나이가 꽤
지긋해야 하오. 젊은것들은 모르오, 몰라. 소인도 모르고 싶소.

We are having a heat wave.

① 요새 무더위야.

We are having a heat wave.

② 날씨 엄청 더울 거래.

We are expecting a heat wave.

MOM	I guess they are having a heat wave in Korea.
DAUGHTER	Are Grandpa and Grandma OK?
MOM	They are trying to stay home with the air on.
DAUGHTER	It might be a boring summer for them.

엄마	한국은 무더위가 계속되나 보다.
딸	할아버지, 할머니는 괜찮으시대요?
엄마	에어컨 켜 놓고 집에만 계시려고 하나 봐.
딸	여름이 지루하시겠어요.

- with the air on '에어컨을 켜놓고'라는 뜻이오. 미국에서는 air conditioner라고 단어를 다 말하던가, 주로 간단하게 the air라고 한다오. 에어컨이라고는 안 하오.
  ex Turn on the air. 에어컨 좀 켜 봐.

JACK	Gosh, it's so hot. Is the air on?
BOB	You won't believe me, but it is on.
JACK	We are having a horrible heat wave. I might need another shower.
BOB	The water bill this month is going to be huge because of you.

잭	어우, 더워. 에어컨 켜 있는 거 맞아?
밥	못 믿겠지만, 켜 있는 거 맞아.
잭	무더위도 이런 무더위가 없네. 아무래도 또 샤워해야겠어.
밥	너 때문에 이번 달 수도세 엄청 나오겠다.

- water bill '수도 사용료 고지서'. 그냥 '수도세'라고 보시면 되오.

118

선불

요새는 웬만하면 다 선불인 것 같습디다. 호텔이든 뭐든 예약하거나 물건을
주문할 때도 일단 내 카드에서 돈부터 빠져나가야 뭔 일이 되도 되니 말이오.
소인이 어렸을 때만 해도 거의 후불제였던 것 같은데 말이오. 아! 선불 비슷한 게
있긴 있었소. 가불! 부모님이 주신 용돈을 계획성 없이 홀라당 다 써 버리고 다음
달 용돈을 미리 끌어다가 쓰는 가불이 전염병처럼 창궐하던 시절이 있었다오.
머리에 피도 안 마른 것이 돈맛은 알아가지고. 참으로 될성부르지 않소.

선불을 영어로는

pay in advance

in advance는 뭔가를 미리 해 둔다, 미리 고맙다고 할 때도 활용할 수 있소이다.

❶ 선불이래. We have to pay in advance.

❷ 선불로 냈어. I paid in advance.

❸ 미리 고마워. Thank you in advance.

HUSBAND Sweetie, the phone you want is sold out, so I ordered it at the store.

WIFE OK. When do we pick it up?

HUSBAND In ten days.

WIFE Ten days? I can't wait that long. I want to cancel the order.

HUSBAND I paid in advance and I can't get a full refund if we cancel.

남편　자기야, 자기가 사고 싶다던 전화기가 품절이라 가게에 주문해 놨어.
아내　알았어. 언제 찾으러 가면 돼?
남편　열흘 있다가 오래.
아내　열흘? 그렇게 오래는 못 기다리지. 주문 취소해야겠다.
남편　선불로 낸 데다가 취소하면 전액 환불 못 받는데.

- pick ~ up 떨어진 물건을 줍다, 어디서 물건을 찾다, 누구를 데려오다
- cancel the order 주문을 취소하다
- full refund 전액 환불

JACK I reserved two spots for surfing lessons for us.

BOB Great! Do we pay when we go to the lesson?

JACK I paid in advance. You owe me $200.

BOB $200? I thought it was $150. Are you trying to make money off me?

JACK You can call them and check.

잭　서핑 수업, 너랑 나랑 두 자리 예약했어.
밥　좋아! 수업받으러 가서 돈 내면 되나?
잭　내가 선불로 냈어. 나한테 200달러 주면 돼.
밥　200달러? 150달러인 줄 알았는데. 너 나를 상대로 돈 벌려고 그러냐?
잭　전화해서 확인해 봐.

- owe ~ 빚지다, ~에게 얼마를[무엇을] 갚아야 한다
- make money off ~ 누구 상대로 (무엇을 통해서) 돈을 벌다
  ex She made big money off her house. 그 사람, 자기 집으로 큰돈 벌었잖아.

119

복고풍 / 돌아온 유행

소인이 20대 때의 일이오. 지하철 4호선 안이었는데 친구로 보이는 두 소녀가
소인의 바로 앞에 서 있었다오. 그중 한 명은 짧은 단발머리에 실핀을 꽂고
있었는데 다른 한 명이 그 친구의 머리를 자꾸 흘긋거리더니만~
"아무리 생각해도 그건 아니여."
"뭣이?"
"니 머리 말이여. 서울서 그러고 다니믄 촌스럽다고 욕먹지 싶은디."
"이것은 촌스러운 것이 아니여. 긍께 욕먹을 일 읎당께."
"촌스럽당께."
"유행은 언젠가는 돌아오는겨. 긍께 나는 유행을 앞서가고 있는 것이지."
그때는 그냥 재밌고 웃기기만 했는데, 보시오. 그 소녀의 말이 맞지 않았소이까?
딘빌머리에 어리바시, 나쌀바지까지 그 옛날 유행이 다시 돌아왔다 이 말이오.
영특한 소녀 같으니라고.

복고풍, 돌아온 유행을 영어로는

back in style

강남 스타일~이 아니라 배킨 스타일~이오.

부끄러움은 나의 몫!

디스코~

Disco music is back in style.

EXAMPLES

❶ 허리바지가 다시 유행이야.
High-waisted pants are back in style.

❷ 디스코 음악이 다시 유행이야.
Disco music is back in style.

DIALOGUE 1

RON I've seen women wearing bell-bottom pants. What's going on these days?
AMY Bell-bottom pants are back in style.
RON 60s, 70s styles are back again, I guess.
AMY Bell-bottom pants are so cute. I'm going to buy a pair, too.

론 나팔바지 입고 다니는 여자들이 많던데. 요새 무슨 일이래?
에이미 나팔바지가 다시 유행이야.
론 60, 70년대 유행이 다시 돌아왔나 보네.
에이미 나팔바지 너무 예뻐. 나도 한 벌 사야지.

- bell-bottom pants 나팔바지
- a pair 한 벌, 한 켤레

DIALOGUE 2

JACK Don't tell me that snow jeans are back in style.
BOB They are back in style.
JACK That's terrible. I can't believe I used to wear them when I was young.
BOB I used to wear snow jeans with a matching jacket. I want to kill myself.

잭 스노우 진이 다시 유행이라고는 말하지 말아다오.
밥 스노우 진이 다시 유행이란다.
잭 진짜 싫어. 내가 어렸을 때 그딴 걸 입고 다녔다는 게 믿어지지 않아.
밥 나는 스노우 진에다가 스노우 재킷까지 맞춰서 입고 다녔었다니까.
 죽고 싶다, 정말.

120

대박

"대~박!"

이게 간단한 것 같으면서도 그리 간단하지만은 않은 표현이오. 한 가지 경우에만 쓰이는 말이 아니기 때문이오. 사업이나 하던 일이 대박 난 경우, 노래나 책이 대박 난 경우, 기가 막힌 소식을 들었을 경우. 이렇듯 경우에 따라 의미가 달라지니 영어 표현 역시 그때그때 달리 써야 하지 않겠소? 그럼 이제부터 낱낱이 파헤쳐 봅시다.

- **사업이나 하던 일이 대박 난 경우**

  hit the jackpot
  대단히 라스베이거스적인 표현이라 할 만하오.

- **노래나 책이 대박 난 경우**

  went viral

- **기가 막힌 소식을 들었을 경우**

  좋은 소식 › **Awesome! / Terrific! / What great news!**
  나쁜 소식 › **Awful! / What the...? / Holy cow! / What horrible news!**

  이 경우에는 딱히 이거다, 하는 표현은 없소. 그냥 하도 놀라고 기막혀서 동공이 얼마나 확장되었나, 눈알이 얼마나 튀어나왔나 하는 정도만 잘 표현하면 그뿐이오.

He hit the jackpot.

EXAMPLES

❶ 그 사람, 사업 대박 났대. He hit the jackpot with his business.

❷ 방탄소년단 신곡 대박 났어. BTS's new song went viral.

❸ 대박! 진짜 잘됐다! Awesome! That's so great!

DIALOGUE 1

WENDY Jack and Bob had a huge fight at the party last night. Jack punched Bob on his nose.

CATHY Holy cow! It's hard to believe because I know they're best friends.

WENDY Don't worry. They became best friends again after the fight. They hugged each other and cried.

CATHY What the…? I don't understand them sometimes.

웬디   어젯밤 파티에서 잭이랑 밥이랑 대판 싸웠잖아. 잭이 밥 코를 후려쳤다니까.
캐시   대박! 걔네 둘이 절친인데, 믿을 수가 없네.
웬디   걱정 마. 다 싸우고 나서는 다시 절친 됐어. 둘이 끌어안고 울더라니까.
캐시   대박! 난 가끔 걔네들 이해 안 되더라.

- have a huge fight 대판 싸우다
- puch ~ on ~ 주먹으로 ~를 때리다
  ex He punched on my face. 걔가 내 얼굴에 주먹질했어.

DIALOGUE 2

JACK Hey, have you read this English conversation book yet?

BOB   No, I haven't.

JACK A Korean-American woman who lives in California wrote it, and it's so funny. Also, you can learn real American English. This book went viral. You should buy a copy, man.

BOB   Wow! I like the illustrations.

JACK The writer drew all of them. Aren't they great? No wonder she hit the jackpot.

잭   야, 너 이 영어회화 책 읽어 봤어?
밥   아니, 아직.
잭   캘리포니아에 사는 교포가 쓴 책인데 되게 웃겨. 게다가 진짜 미국 영어도 배울 수 있고. 이 책 대박 났잖아. 너도 한 권 사 봐.
밥   와! 그림이 마음에 드네.
잭   전부 작가가 직접 그린 거야. 잘 그렸지 않냐? 이러니 대박이 나지.

눈치채셨겠지만, 제 책 홍보용 대화문이오. 어떻게든 대박 한번 내보고픈 구차하고 처절한 몸부림이라고나 할까요? 읽어 주신 모든 분께 진심으로 감사드리는 바올시다. 여러분의 영어 실력 향상에 조금이나마 도움이 되었길 바라며 책을 마치오.

미션 파서블
당신을 구출할 진짜 미국 영어

초판 1쇄 인쇄 2019년 02월 15일
초판 1쇄 발행 2019년 02월 20일

지은이 June Sweeney
펴낸이 홍성은
펴낸곳 바이링구얼
교정·교열 임나윤
표지 삽화 이민형
디자인 렐리시

출판등록 2011년 01월 12일
주소 서울 마포구 월드컵로31길 58-5, 102
전화 (02) 6015-8835 **팩스** (02) 6455-8835
메일 nick0413@gmail.com

ISBN 979-11-85980-27-0 13740